Isabel García

Schlagfertig in der Schule

Isabel García

Schlagfertig in der Schule

Wie du dich besser durchsetzen kannst und Prüfungssituationen souverän meisterst

mvgverlag

Bibliografische Information der Deutschen Nationalbibliothek:
Die Deutsche Nationalbibliothek verzeichnet diese Publikation in der Deutschen Nationalbibliografie; detaillierte bibliografische Daten sind im Internet über http://d-nb.de abrufbar.

Für Fragen und Anregungen:
isabelgarcia@mvg-verlag.de

2. Auflage 2013

Nymphenburger Straße 86
D-80636 München
Tel.: 089 651285-0
Fax: 089 652096

Redaktion: Andreas Ehrlich
Umschlaggestaltung: Maria Wittek
Umschlagabbildung: iStockphoto
Satz: HJR, Jürgen Echter, Landsberg am Lech
Druck: CPI – Ebner & Spiegel, Ulm
Printed in Germany

ISBN Print 978-3-86882-241-0
ISBN E-Book (PDF) 978-3-86415-209-2

INHALTSVERZEICHNIS

JETZT REDEST DU!

Jetzt redest DU! ... Ja DU!!! Okay, im Moment liest du natürlich, aber generell darfst du reden. Und es wäre schön, wenn du gut reden könntest. Denn wenn du dich gegen blöde Mitschüler wehren möchtest, eine gute Note für ein Referat bekommen möchtest oder deine Eltern überreden möchtest, dir ein neues Handy zu kaufen, dann ist Reden angesagt.

In der Schule bekommst du natürlich Noten für die schriftlichen Arbeiten, die du regelmäßig schreiben musst. Wenn du dich allerdings im Unterricht beteiligst, viel meldest, redest, Fragen stellst und welche beantwortest, dann kannst du selbst dann noch eine gute Note bekommen, wenn du mal eine schriftliche Arbeit verhauen hast.

Ich weiß noch, dass ich mich früher häufig auch nicht am Unterricht beteiligt habe, weil ich nicht gut vorbereitet war oder das Thema überhaupt nicht verstanden habe. Aber gerade dann kannst du dich melden. Du kannst Fragen stellen, du kannst neugierig sein auf alles, was da kommt und was du Neues lernst. Schule macht Spaß! Und wenn du jetzt denkst »Neeee, Schule macht eben keinen Spaß, weil die Lehrer so doof sind, einige meiner Klassenkameraden blöd sind und überhaupt alles doof ist ...«, dann sage ich es anders: Schule KANN Spaß machen, wenn du der Schule eine Chance gibst. Es ist deine Entscheidung und ich zeige dir den Weg zu mehr Spaß in der Schule.

An dieser Stelle kommt häufig der Einwand: »Ja, aber das hängt ja nicht nur von mir ab. ICH bin okay, aber die anderen sind doof. Sagen Sie DENEN doch, dass die mal mehr Spaß in die Schule bringen sollen, dann bin ich eventuell auch mit dabei.« Gute Idee! Es sollten tatsächlich alle dieses Buch lesen, sowohl deine Mitschüler als auch deine Lehrer. Dann könntet ihr gemeinsam einen Weg finden, wie die Schule allen mehr Spaß macht. Und ich stimme dir ebenfalls zu, wenn du sagst, dass du okay bist. Das bist du ganz sicher. Ich möchte dich auch gar nicht verändern oder dich schlechtmachen, ich zeige dir lediglich, wie du durch REDEN bessere Noten bekommen und mehr Spaß in der Schule haben kannst (und dir – nebenbei bemerkt – noch viele andere Wünsche erfüllen kannst). Da ich DIR diesen Weg zeige, liegt es ganz allein an DIR, ihn zu gehen. Bist du mutig genug dafür? Bist du bereit, Spaß zu haben?

Falls du dich fragst, woher ich manchmal schon im Voraus weiß, was du vermutlich denkst: Ich bin alle Übungen mit Schülern aus der 5. bis 7. Klasse durchgegangen und sie haben mir gesagt, wie sie sie finden und was ihnen am besten gefällt. Die Übungen, Geheimnisse, Tricks und Kniffe in diesem Buch funktionieren also wirklich. Und das ist wichtig, wenn du dich zum Beispiel gegen ältere Schüler am Schuleingang wehren möchtest. Die älteren oder stärkeren Schüler warten ja nur darauf, dich blöd von der Seite anzumachen. Und es freut sie besonders, wenn das, was sie sagen, dich verletzt. Das werden wir ändern. In Zukunft wirst DU sie sprachlos machen. Wenn du reden kannst, dann kannst du dich wehren – gegen Mitschüler, die dich ärgern, oder gegen Vorschläge von deinen Eltern, auf die du keine Lust hast, und gegen ungerechte Noten von den Lehrern. Bist du dabei? Super!

WARUM ICH DIESES BUCH GESCHRIEBEN HABE

Ich heiße Isabel und ich wurde als Kind früher von meinen Klassenkameraden häufig gehänselt, weil ich rote Haare habe. Sie haben mich Duracell genannt (das ist die Batterie mit dem roten Kupferkopf). Das klingt im ersten Moment harmlos, aber wenn du über den Schulhof gehst und alle anfangen zu lachen und dir »Duracell!« hinterherrufen und sich dann noch mehr Schüler und Schulklassen zu dir umdrehen und du dann passenderweise knallrot im Gesicht wirst und du dadurch noch mehr ausgelacht wirst ... dann ist das nicht mehr harmlos und auch nicht lustig. Zumindest nicht für dich.

Ich hatte schon immer den Wunsch, dass alles gerecht zugeht. Ich mag es nicht, wenn jemand unfair ist. Daher fand ich es auch nicht gut, wenn meine Mitschülerin wegen ihrer großen Brille gehänselt wurde oder ein anderer Schüler, weil er dick war. Also habe ich sie verteidigt, wenn die coolen Schüler aus unserer Klasse auf sie eingeredet und sie ausgelacht haben, sodass sie anfingen zu weinen. Das ist natürlich nett von mir gewesen, andererseits bin ich deswegen genauso gehänselt worden. Und in dem Moment stand mir keiner bei. Denn der dicke Junge und das Mädchen mit der großen Brille waren froh, dass endlich mal jemand anders gehänselt wurde. Leider konnte ich damals noch nicht so gut reden und hatte daher gegen die coolen Schüler keine Chance.

Im Unterricht ging es mir ähnlich. Ich wollte mich ja gern melden, aber ich hatte Angst davor, etwas Falsches zu sagen.

Deshalb wollte ich am liebsten in Ruhe gelassen werden. Und so habe ich meistens »Weiß ich nicht« oder »Kann ich nicht« gesagt, wenn ein Lehrer mich etwas gefragt hat. Natürlich waren die Lehrer irgendwann genervt davon und ich hatte tatsächlich häufig meine Ruhe. Was ich aber nicht hatte, war eine gute mündliche Note.

Wenn ich damals schon gewusst hätte, was ich heute alles weiß, dann wäre mir die Schule viel leichter gefallen. Ich hätte schlagfertig auf die Duracell-Sprüche reagiert, hätte meine mündliche Note verbessert und wäre von meinen Mitschülern ganz anders wahrgenommen worden. Ich hätte mich insgesamt einfach viel wohler gefühlt und Spaß gehabt. Und damit DU in der Schule Spaß hast und die anderen dich cool finden, habe ich dieses Buch geschrieben und die passende Übungs-CD aufgenommen. Den Inhalt der CD findest du auf Seite 181.

Kleiner Tipp: Du kannst das Buch komplett in einem Rutsch durchlesen. Du kannst aber auch erst das erste Kapitel lesen und dann üben, was du dort gelernt hast. Und sobald du das Gefühl hast, dass du dies prima hinbekommst, liest du dir das zweite Kapitel durch. Du kannst es also machen, wie du es am besten findest und wie du am besten lernst. Es gibt in diesem Fall keinen richtigen oder falschen Weg. Du wirst einige Themen, über die ich rede, besser verstehen, wenn du sie nicht nur liest, sondern auch von mir hörst. Deswegen habe ich einige Übungen und Beispiele auf die beiliegende CD gesprochen. Bitte höre sie dir erst an, wenn du einen entsprechenden Hinweis im Buch findest (dieses kleine CD-Symbol:), denn du wirst die Übungen nicht verstehen, wenn du nicht den passenden Text im Buch gelesen hast. Beim Üben immer schön einen Schritt nach dem anderen, mit anderen Worten: ein Kapitel nach dem anderen. Zwischen den Kapiteln können ein Tag oder eine Woche liegen. Mach es in deinem Tempo.

Ich werde dir hier und da kleine Geheimnisse verraten, die dafür sorgen werden, dass du bald besser redest als deine Mitschüler.

WORÜBER ICH REDE

Zuerst sollten wir mal klären, was ich dir hier beibringe. Es ist Rhetorik. Schwieriges Wort. Und kaum einer weiß genau, was dieses Wort bedeutet. Viele meinen, bei der Rhetorik geht es darum, wie ich mit gut gewählten Worten ein Ziel erreiche.

Das ist übrigens etwas, das wir alle machen. Du auch. Nur war dir bisher vielleicht nicht bewusst, dass es sich dabei um Rhetorik handelt. Wenn du zum Beispiel ein neues Fahrrad möchtest, dann bist du an dem Tag BESONDERS lieb und nett. Nachdem du nun soooo lieb warst, fragst du irgendwann, ob du nicht ein neues Fahrrad haben könntest, und erzählst dann auch gleich, wie kaputt doch dein altes ist und wie du gehänselt wirst wegen des alten Fahrrades. Und du sagst auch, dass es deinen Eltern doch wichtig sei, dass du Sport treibst, und das kannst du nur, wenn das Fahrrad nicht ständig kaputt geht ... und so weiter und so fort. Und wenn sie dann sagen, dass sie darüber nachdenken werden, oder sogar sagen, dass du ein neues bekommst, dann bist du wieder ganz lieb und sagst artig: Danke.

Dies könnten die richtigen Worte sein, um ein Ziel – das Fahrrad – zu erreichen. Wenn du über das Essen meckerst und deinen Eltern die Zunge rausstreckst und dann noch einen Wutanfall bekommst und danach nach einem Fahrrad verlangst, wirst du wohl nicht so erfolgreich sein. Das ist dir bewusst und deswegen machst du es unbewusst richtig.

Ein Ziel mit Worten zu erreichen ist in der Tat Rhetorik. Aber das ist noch lange nicht alles. Rhetorik ist etwas, das du lernen kannst. So wie schreiben oder malen. Du lernst, so zu sprechen und dich so dabei zu bewegen, dass andere von dir begeistert sind und dir gerne zuhören. Dadurch kannst du sie von dir überzeugen. So wie Tom Swayer es gemacht hat.

Rhetorik ist JEDE Art der Kommunikation. Schon wieder so ein Wort.

Kommunikation bedeutet: etwas zu sagen. Entweder MIT Worten oder OHNE. Manchmal reicht es ja, wenn du lächelst. Dann weiß deine Mutter, dass dir die Pfannkuchen schmecken. Zum Beispiel. Dann hast du kommuniziert. Du hast etwas gesagt, OHNE Worte zu benutzen. Falls du einen Hund hast, dann kommunizierst du auch häufig ohne ein Wort. Du kannst »Sitz« sagen, du kannst aber auch einfach einen Finger heben (wenn du dies deinem Hund beigebracht hast) oder du kannst wortlos und sanft den Hintern des Hundes nach unten drücken. Dann hast du auch kommuniziert, und zwar OHNE Worte. Alles, was du mit dem Gesicht machst: Grinsen, Grimassen schneiden, schmollen, weinen, wütend schauen ... all das ist Kommunikation OHNE Worte.

Ebenso die Augen. Du siehst doch sofort an den Augen und auch an der Körperhaltung deines Vaters, ob heute ein guter Tag ist, um das Thema mit dem neuen Fahrrad anzuschneiden. Schaut er böse? Schaut er dich an oder schaut er weg? Ist sein Körper entspannt oder zieht er die Schultern hoch und legt die Ohren an? Du beobachtest genau. Und genauso wirst auch du beobachtet. Von deinen Eltern, von den Lehrern, von deinen Freunden, von deinen Mitschülern und auch von den Schülern aus höheren Klassen, die sich manchmal einen Spaß daraus machen, jüngere Schüler zu ärgern. Alle beobachten deine Kommunikation OHNE Worte.

Ich werde dir in diesem Buch erklären, wie du so gehen, stehen, schauen und reden kannst, damit du von anderen als stark wahrgenommen wirst. Denn starke Schüler werden seltener gemobbt und gehänselt. Starke Schüler sind schlagfertig. Starke Schüler können sich durchsetzen und starke Schüler können ein gutes Referat halten. Ich werde dir ein paar Geheimnisse der Rhetorik verraten, die vielleicht noch nicht mal deine Lehrer und deine Eltern kennen. Das neue Fahrrad und die gute Schulnote sind fast sicher.

REDEN – WORAUF ES ANKOMMT

Du weißt jetzt, dass du MIT und OHNE Worte kommunizieren kannst. Nun gehen wir einen Schritt weiter: in den Bereich »MIT Worten kommunizieren«. Dabei geht zum einen darum, WAS du sagst, und zum anderen, WIE du es sagst.

BRING ES AUF DEN PUNKT

Um cool und stark zu wirken, ist es wichtig, eine klare Aussage zu treffen und nicht um den heißen Brei herumzureden. Deshalb üben wir als Erstes, »auf Punkt« zu sprechen. Auf Punkt sprechen bedeutet, dass du am Ende des Satzes die Stimme senkst. Das kannst du übrigens auch sehr gut bei deinem Lehrer beobachten, wenn er euch etwas diktiert. Dann sagt er zum Beispiel: »Das ist Peter.« Und er geht dabei am Ende des Satzes mit der Stimme nach unten. Diktiert er eine Frage, geht er am Ende des Satzes mit der Stimme nach oben: »Ist das Peter?«

Damit du hörst, was ich meine, spreche ich dir auf der CD (in Kapitel 1) einige Sätze vor.

Alles klar? Wenn du einen kurzen Satz auf Punkt sprechen möchtest, dann geht deine Stimme am Ende des Satzes nach unten! Punkt! Stell dir bei einer Aussage einen großen Pfeil vor, der nach unten zeigt. Und die Stimme folgt dem

Pfeil: »Ich möchte keinen Milchreis essen.« Pfeil nach unten. Punkt.

Bei dem folgenden Beispiel verwende ich den gleichen Satz, spreche ihn aber mit einem Fragezeichen: »Ich möchte keinen Milchreis essen?« Pfeil nach oben. Fragezeichen.

Als ich das mit Schülern geübt habe, warfen einige sofort ein: »Aber das ist doch gar keine richtige Frage.« Richtig, das ist keine »echte« Frage wie zum Bespiel: »Magst du Milchreis?« Aber allein durch das Heben der Stimme am Ende des Satzes klingt der Satz dann wie eine Frage. Auch wenn es keine ist. Das klingt nicht nur kompliziert, das hört sich auch kompliziert an. Und keiner weiß, ob du nun etwas fragen willst oder wirklich etwas sagst. Möchtest du den Milchreis nicht essen oder bist du dir noch nicht sicher oder möchtest du die Frage stellen, ob du den Milchreis vielleicht doch essen solltest? Keiner weiß, was du sagen möchtest, wenn du einen Satz wie eine Frage betonst.

Das geht schon bei der Begrüßung los. Wenn du dich also als Praktikant bei einer Bank vorstellst, dann sag bitte: »Guten Tag.« Pfeil nach unten. Punkt. Und nicht: »Guten Tag?« Schließlich möchtest du nicht fragen, ob heute ein guter Tag ist, du möchtest es sagen.

Wenn du jetzt anfängst, darauf zu achten, dann wirst du merken, wie viele Menschen am Ende des Satzes mit der Stimme nach oben gehen, obwohl sie keine Frage stellen. Das passiert Radiomoderatoren genauso wie deinen Lehrern, Eltern oder Freunden. Vor allem wenn sie aufgeregt sind, vergessen sie den Punkt. Kleiner Tipp: Wenn deine Eltern ganz genau wissen, dass du definitiv nicht mehr Taschengeld bekommst, dann sagen sie leider: »Mehr Taschengeld bekommst du nicht.« Wenn sie sagen würden: »Mehr Taschengeld bekommst du nicht?«, dann wäre da noch Hoffnung. Dann könntest du nachfragen: »Wirklich nicht? Seid ihr sicher?«

Und wie sieht es mit deinen Freunden aus? Sprechen die auf Punkt? Um das zu testen, ruf eine Freundin an, die du schon länger nicht mehr gesehen hast, und frag sie, was sie am letzten Wochenende gemacht hat. Es könnte sein, dass das dann so klingt: »Am Wochenende? Ähm, da habe ich lange geschlafen? ... Und dann ... wollten meine Eltern in die Stadt fahren? ... Und ich bin mitgefahren? ... Da habe ich dann einen neuen Rock bekommen? Und durfte mir auch ein neues Buch aussuchen? ... Ähm ... *Sofies Welt*? ... Dann bin ich wieder nach Hause? ... Und habe dann nur noch gelesen.« Immerhin: Am Ende war ein Punkt.

WARUM DAS MIT-DER-STIMME-OBEN-BLEIBEN (NOCH) PROBLEMATISCH IST

Das Mit-der-Stimme-oben-Bleiben ist schon fast eine Schulkrankheit! Und meistens passiert es, wenn wir – während wir einen Satz noch sprechen – schon überlegen, was wir als Nächstes sagen wollen. Wir sind also mit den Gedanken bereits auf dem Sprung in die Zukunft und dadurch ist auch der aktuelle Satz »auf dem Sprung«. Schade nur, dass unser Gesprächspartner nicht erkennt, dass wir so toll vorausdenken! Er legt unser Mit-der-Stimme-oben-Bleiben als Unsicherheit aus. Denn wenn wir eine Aussage wie eine Frage betonen, stellen wir nicht nur das infrage, was wir gerade sagen, sondern auch uns als Person.

Ein Fragezeichen sprechen, wo eigentlich ein Punkt hingehört, zieht darüber hinaus noch weitere Probleme nach sich:

- **Du kannst keine Pausen machen.** Durch das Anheben der Stimme meint dein Lehrer, dass der Satz noch nicht fertig ist, und wartet darauf, dass du weitermachst. Dadurch entsteht eine Spannung, die nur schwer auszuhalten ist. Und das wiederum führt dazu, dass du ohne Punkt und Komma redest, obwohl du eigentlich schon längst aufhören wolltest. Wenn du sagst: »Das war's? Das war mein Referat?«, dann denken deine Zuhörer, dass du noch etwas sagen willst, was in Wirklichkeit ja gar nicht stimmt. Eine blöde Situation. Wenn du aber sagst: »Das war's. Das war mein Referat.« Pfeil nach unten. Punkt. Dann haben alle verstanden, dass du nun fertig bist.

- **Du wirkst schwach.** Dabei möchtest du doch stark wirken, vor allem in einer mündlichen Prüfung. Stell dir vor, du hast die richtige Antwort schon gegeben, aber bleibst mit der Stimme oben. Dann denkt der Lehrer, dass du noch etwas hinzufügen möchtest, obwohl dir gar nichts mehr einfällt. So stellst du dir selbst ein Bein. Wenn du einen Punkt sprechen möchtest, dann geh mit der Stimme runter – und schon wirkst du stark.

- **Du findest kein Ende.** Das heißt, du redest viel mehr, als du möchtest. Wenn dich zum Beispiel dein Vater fragt, ob du den letzten Apfelsaft ausgetrunken hast, dann wäre es schlau, nur mit »Nö, war ich nicht« zu antworten. Wenn du aber sagst »Nee ...? Wieso ich? Ich war doch gar nicht in der Küche? Und außerdem mag ich überhaupt keinen Apfelsaft? Also ich kann es nicht gewesen sein? Ich wusste ja nicht einmal, dass da noch Apfelsaft war? ...«, dann wird dein Vater bestimmt misstrauisch und wird denken, dass du es vielleicht doch gewesen bist – weil du unsicher wirkst. Und warum wirkst du unsicher? Vielleicht weil du den Saft getrunken hast und dich nun ertappt fühlst? Das jedenfalls wird dein Vater glauben. Er wird bestimmt nicht denken: »Ach, mein Sohnemann kann halt nicht auf Punkt sprechen.«

Du sagst ganz häufig »Ähm«. Vielleicht hat deine Lehrerin dir schon mal gesagt, dass es nicht so günstig ist, wenn du häufig »Ähm« oder »Äh« oder »uuuund« sagst. Warum? Weil es so klingt, als ob du nicht weißt, was du sagen willst. Wenn du das wirklich nicht weißt, dann mach eine Pause und überleg in Ruhe (denn dazu sind Sprechpausen da). Sobald du es schaffst, einen Punkt zu sprechen, wirst du viel seltener »Ähm«, »Äh« und »uuuuund« am Anfang oder Ende jeden Satzes sagen. Denn diese Füllwörter schleichen sich nur deswegen ein, weil du mit der Stimme oben bleibst? ... ähm ... aber noch gar nicht weißt, was du danach sagen sollst? ... uuuuund ... deswegen schon mal irgendetwas sagst? ... äh ... und sei es nur ein »Äh«, »Ähm« oder »und«. Sobald du auf Punkt sprichst, gibt sich das von ganz allein und du kannst richtig cool reden.

HÖR DIR SELBST ZU

Wie du das üben kannst? Am besten, indem du dir selbst beim Sprechen zuhörst. Dazu benutzt du dein Handy, sofern es über eine Aufnahmefunktion verfügt, deinen Computer oder ein Diktiergerät. Gib dir selbst ein Stichwort vor, über das du dann eine Weile redest. Das kann zum Beispiel »Tischtennis«, »Großmutter« oder »Wiener Würstchen« sein, du kannst aber auch deinen Schulweg beschreiben – völlig egal. Fällt dir partout nichts ein, dann erzählt dir selbst, was du heute noch alles machen willst, oder übe schon mal dein nächstes Referat.

Sprich ein bis zwei Minuten auf das Handy, den Computer oder das Diktiergerät und hör dir die Aufzeichnung danach aufmerksam an. Beim Sprechen merkst du nämlich nicht, ob du auf Punkt sprichst oder nicht, beim Hören aber sehr wohl. Warum? Ganz einfach: Das Fragezeichen am Ende kommt daher, dass du mit den Gedanken woanders bist und nicht bei dem Satz, den du gerade sagst. Wenn du aber mit den Gedanken schon in der Zukunft bist, dann wird dir nicht auffallen, dass du gerade keinen Punkt sprichst.

Wenn du dich während des Sprechens selbst aufnimmst, wirst du hinterher merken, wo überall Fragezeichen waren, obwohl du einen Punkt sprechen wolltest. Nach dem Anhören kannst du die Aufnahme sofort löschen und wiederholst die Übung. Konzentriere dich beim zweiten Mal noch stärker auf die Punkte und denke immer an den Pfeil, der am Satzende nach unten geht. Noch leichter geht das mit den Punkten, wenn du dir vorstellst, dass der Satz, den du gerade sagst, der wichtigste in deinem ganzen Leben ist. Sicherlich gibt es wichtigere Sätze wie zum Beispiel: »Ich habe zwei Tore geschossen beim letzten Fußballspiel.« Oder: »Meine Eltern geben mir ab sofort das doppelte Taschengeld.« Es kommt allerdings nicht darauf an, ob der Inhalt deines Satzes wirklich wichtig ist, sondern vielmehr, dass du dich auf den Satz konzentrierst. Aus irgendeinem Grund wirst du ihn ja sagen. Wenn er nicht irgendwie wichtig wäre, würdest du schweigen. Wenn du also redest und diesen Satz sagt, dann scheint er wichtig zu sein. Da du nur im Hier und Jetzt überzeugen kannst und nicht mit einem Satz, den du eventuell morgen sagst oder den du gestern gesagt hast, entscheide dich für das Hier und Jetzt. Somit ist der Satz, den du gerade sagst, der wichtigste in deinem ganzen Leben. Dies denkst du bitte bei jedem Satz, den du sagst. Denn wenn du nicht davon überzeugt bist, dass es wichtig ist, was du sagst, warum sollten die anderen dir zuhören? Unwichtiges hören wir uns nicht an.

Wiederhole diese Übung ab und zu. Zusätzlich kannst du eine Strichliste führen. Notiere, wie häufig du mit der Stimme am Ende des Satzes nach oben gegangen bist, wie häufig du »Äh« gesagt hast und wo der Satz einfach zu lang war. Du wirst schnell merken, dass du von Mal zu mal besser wirst und kaum noch einen Strich machen musst. (Bei einer echten Frage darf die Stimme natürlich am Ende des Satzes nach oben gehen.)

Kleiner Tipp: Immer wenn du atemlos wirst und dein Körper zu kribbeln anfängt, bist du zu schnell und sprichst vermutlich nicht auf Punkt. Geh mit der Stimme runter, mach eine kleine Pause und atme erst einmal in Ruhe aus, bevor du weitersprichst. Achte darauf, wie schwach es klingt, wenn andere so reden. Das möchtest du bestimmt nicht. Pfeil nach unten. Punkt. Vor allem nicht in einer Prüfungssituation. Pfeil nach unten. Punkt.

Wichtig

- Pfeil nach unten. Punkt.
- Sprich stark, ohne viele »Ähs« und »Ähms«.
- Stell weder dich noch deine Aussage infrage.

TRAINIERE DEINE STIMME

Ich werde in diesem Buch immer wieder darauf eingehen, dass es wichtig ist, mit einer entspannten, tiefen Stimme zu sprechen. Vor allem in schwierigen Situationen. Zum Beispiel bei einem Referat oder bei einem Streit oder wenn du deinen Lehrer davon überzeugen möchtest, dass du eine bessere Note verdient hast. Die Frage ist, was nun überzeugender ist: eine tiefe Stimme oder eine entspannte Stimme. Im Grunde besteht zwischen beiden kein Unterschied. Wenn du nämlich entspannt bist, dann ist deine Stimme automatisch tiefer. Bist du aufgeregt und zappelig, ist deine Stimme automatisch höher. Deswegen wirkt eine tiefe Stimme überzeugender. Wenn du es also schaffst, den blöden Schülern, die dich gerade ärgern wollen, mit einer tiefen Stimme zu antworten, dann merken die sofort, dass du total entspannt bist. Ihr Ziel ist, dass du dich aufregst. Wenn du dich aber nicht aufregst, sondern mit einer tiefen Stimme antwortest und darüber hinaus ruhig schaust und aufrecht dastehst, dann ist das schnell langweilig für die blöden Schüler. Und da niemand Lust auf etwas Langweiliges hat, werden sie dich in Zukunft in Ruhe lassen.

Wie aber kommst du an die tiefe und entspannte Stimme heran? Das schaffst du zum einen, indem du deine Hände unterhalb deines Bauchnabels bewegst. Warum? Weil die Stimme dem Körper folgt. Wenn du deine Hände ganz weit oben hast, dann ist die Stimme höher. Wenn du die Arme entspannt hängen lässt, dann ist die Stimme tiefer. Wenn du deine Hände tief bewegst, ist auch deine Stimme tiefer. Ich erkläre dir auf Seite 122 noch einmal genau, was ich mit »Der Körper führt, die Stimme folgt« meine. Für die entspannte Stimme ist es erst einmal nur wichtig, dass du die Hände nicht zu hoch hast. Was ebenfalls gut hilft, ist die Kauübung.

SPRICH MIT VOLLEM MUND

Ich kann mir vorstellen, dass Essen etwas Entspannendes für dich ist, das dir Spaß macht – vor allem wenn deine Mama etwas gekocht hat, das du richtig, richtig lecker findest. Viele

Menschen sehen das ähnlich. Für sie ist Essen Entspannung pur, nicht nur weil das Essen gut ist, sondern auch weil sie dann eine Pause haben. Und Pausen sind immer gut, nicht wahr? Du freust dich doch auch auf die Pause zwischen dem Chemie- und dem Matheunterricht. Pausen und Essen sind super! Und das nutzen wir, um die Stimme zu entspannen. Diese Übung mache ich dir auf der CD in Kapitel 2 vor:

Ausnahmsweise darfst du mal mit vollem Mund reden, aber nur solange du diese Übung machst. Und die funktioniert folgendermaßen: Du beißt in ein Brötchen, einen Schokoriegel oder einen Apfel und dann kaust du. Dabei sagst du laut: »Mmmm«. Geh die Tonleiter richtig runter und versuche, mit deiner Stimme so tief wie möglich zu kommen. Bitte vergiss das Kauen nicht. Wenn du aufhörst zu kauen und dann mit »Mmmmm« versuchst, mit der Stimme tiefer zu kommen, dann klappt es nicht so gut. Geh bei dieser Kauübung nur mit der Stimme runter, während du kaust. Diese Kombination ist ganz wichtig: Abbeißen, kauen, »Mmmmm« sagen und mit der Stimme nach unten gehen. Danach sagst du – immer noch mit vollem Mund – ein M-Wort. Also zum Beispiel: »Mmmmm Manuela ...« Oder: »Mmmmm Mathelehrer ...« Oder: »Mmmmm Mama ...« Bestimmt fallen dir noch mehr M-Wörter ein. Alles klar?

Danach schluckst du runter und beginnst wieder von vorn: Abbeißen, kauen, dabei »Mmmmm« sagen, mit der Stimme runtergehen und ein M-Wort sagen. Das machst du jeden Tag mit fünf oder sechs Bissen. Dabei ist es ganz egal, ob du eine Banane isst, deine Cornflakes oder ein Brötchen.

Ab dem vierten Tag bildest du ganze M-Sätze, zum Beispiel: »Mmmmm ... Mann, schmeckt das Snickers heute gut.«

Oder: »Mmmmm ... Mann, habe ich Lust auf das Fußballspiel später.« Auch hier reichen pro Tag fünf bis sechs Sätze. Das machst du drei Wochen lang jeden Tag. Danach wird deine Stimme deutlich tiefer klingen. Wenn du ein Mädchen bist, möchte ich natürlich nicht, dass du dich wie ein Junge anhörst, aber auch wir Frauen können entspannt und somit überzeugend reden. Und wenn du ein Junge bist, dann erkaue dir eine richtig tiefe Stimme. Der Stimmbruch wird irgendwann sein Übriges tun, aber du kannst ja schon mal anfangen. Hör dir deinen Papa an. So tief wirst du irgendwann auch reden.

Das Gute ist, dass dein Körper das Kauen ab sofort mit der tiefen Stimme in Verbindung bringt, so wie du bei der Farbe Gelb sofort an die Sonne denkst. Das heißt, dein Körper wird nun jedes Mal sofort auf die tiefe Stimme zugreifen, wenn du eine Kaubewegung machst (das kann auch eine ganz kleine sein, die niemandem auffällt). Das hilft dir zum Beispiel ...

... wenn ein Schüler aus einer höheren Klasse vor dir steht. Mach unauffällig eine kleine Kaubewegung und dein Körper wird sofort auf die tiefere Stimme zurückgreifen, die dich stark macht.

... beim Halten eines Referats. Wenn du merkst, dass dir das Herz vor Aufregung bis zum Halse schlägt, dann mach – während der ersten Pause (siehe Seite 59 ff.) – unauffällig eine kleine Kaubewegung (ohne Kaugummi bitte). Und sofort kannst du tiefer und überzeugender sprechen.

Gähnen entspannt die Stimme übrigens auch sehr. Die meisten Schauspieler und Sänger gähnen und strecken sich wie eine Katze, bevor sie auf die Bühne gehen. Das kannst du auch machen. Geh einfach auf die Toilette, gähne und strecke dich und betritt dann deine Bühne – in diesem Fall das Klassenzimmer. Dieser kleine Trick mit dem Gähnen und Strecken ist natürlich nicht nur vor einem »Auftritt« hilfreich, sondern generell, wenn du merkst, dass deine Stimme sich blöd anfühlt. Du merkst ja, dass sich dein Hals manchmal eng anfühlt und die Stimme dann nicht so recht rauskommen will. Dann einfach gähnen und strecken, das tut der Stimme und dem Körper gut. Die Affentrommel ist auch genial für die Stimme. Die erkläre ich dir auf Seite 127.

MIT DEM KORKEN GEGEN DAS NUSCHELN

Falls dir ständig gesagt wird, dass du nuschelst, dann kannst du für ein paar Wochen die Korken-Übung machen. Geh zu deinen Eltern und bitte sie, dir einen Korken zu geben. Es gibt schmale und sehr dicke Korken. Nimm für den Anfang ruhig einen schmaleren, falls sie einen haben. Sag deinen Eltern auch, dass du mit dem Korken Sprechübungen machen willst. Dann werden sie dir einen geben, der nicht so stark nach Wein schmeckt.

Nimm den Korken so in den Mund, als wolltest du von der Spitze etwas abbeißen. Du beißt aber keine Scheibe ab, sondern beißt nur drauf. So. Jetzt bekommst du den Mund nicht mehr zu. Und du merkst, dass es nicht mehr so leicht ist, zu sprechen. Einzelne Vokale gehen noch ganz gut, aber bei den Konsonanten wird es schwierig.

Vokale sind: a, e, i, o, u (ebenso: eu, au, ei, ö, ü, ä)

Konsonanten sind: b, c, d, f, g, h, j, k, l, m, n, p, q, r, s, t, v, w

Nun wirst du mit diesem Korken im Mund die folgenden Zungenbrecher aufsagen.
Klick auf der CD auf das Kapitel 3, dort spreche ich sie dir vor.
Du kannst entweder gleich mitsprechen oder erst nach dem Anhören üben. Sprich die Zungenbrecher am Anfang so langsam, dass du jeden Konsonant und jeden Vokal spürst. Ich möchte, dass du bewusst wahrnimmst, wie sich ein »i« anfühlt oder ein »sch«. Wenn du ein bisschen Übung hast, dann wirst du irgendwann selbst mit dem Korken normal schnell sprechen können. Allerdings um einiges deutlicher.

Und los geht's:

Montags macht mir meine muntere Mutter mittags meistens Mus.

Meister Müller, mahle mir meine Metze Mehl. (Metze ist eine alte Maßeinheit. Heute messen wir in Gramm oder Liter.)

Morgens muss mir meine Mutter mehliges Milchmus machen.

Ein Hahn, zwei Hühner, drei Gänse, vier Schweine, fünf Kühe, sechs milchweiße Mäuselein, sieben wickelige, wackelige Waschweiber, acht pickelige, packelige Paukenschläger, neun regelrecht rechtmäßig gebratene Rattenschwänze, zehn konstantinopolitanische Schnupftabakdosenmachergesellenherbergsväter.

Schlagfertig in der Schule

Zwei zischende Schlangen saßen zwischen zwei spitzen Steinen und zischten zu den zwitschernden Zeisigen auf den zuckenden Zweigen einer Zitterpappel hinauf.

Ein knallroter Krebs aus der Krummen Lanke kroch bequem über eine kalte, kühle Korbflasche.
(Zur Erklärung: Die Krumme Lanke ist ein See im Südwesten Berlins.)

Niemals nennt Nina Norberts Namen, natürlich nicht.

Flöße mit flötenden Flößern fahren den fließenden Fluss herab.

Ich kann Schnellsprechsätze schneller sprechen, als andere Schnellsprechsätze sprechen können.

In Ulm, um Ulm und um Ulm herum.

Blaukraut bleibt Blaukraut und Brautkleid bleibt Brautkleid.

Die Bürsten mit den schwarzen Borsten bürsten besser als die Bürsten mit den weißen Borsten.

Bierbrauer Bauer braut braunes Bier.

Fischers Fritz fischt frische Fische, frische Fische fischt Fischers Fritz.

Schneiders Schere schneidet scharf, scharf schneidet Schneiders Schere.

Der Cottbuser Postkutscher putzt den Cottbuser Postkutschkasten.

Die Krähen tragen den Teigtrog dreimal um den Kirchhof.

Drinnen drei Teertonnen, drei Trantonnen.

Stoffel stand staunend am steilen Gestade und starrte stur auf steinartige Steine.

Die Katze tritt die Treppe krumm, krumm tritt die Katze die Treppe.

Wir Wiener Waschweiber wollen weiße Wäsche waschen, wenn wir wüssten, wo warmes weiches Wasser wär. Warmes weiches Wasser wissen wir, weiße Wäsche waschen wir.

Kein kleines Kind kann Kirschenkerne knacken.

Wenn mancher Mann wüsste, wer mancher Mann wär,
gäb mancher Mann manchem Mann manchmal mehr Ehr. Weil mancher Mann nicht weiß, wer mancher Mann ist, drum mancher Mann manchen Mann manchmal vergisst.

Hinter Hermann Hannes' Haus
hängen hundert Hemden raus.
Hundert Hemden hängen raus
hinter Hermann Hannes' Haus.

Einsame Esel essen nasse Nesseln gern, nasse Nesseln essen einsame Esel gern.

Schlagfertig in der Schule

Eine gut gebratene Gans ist eine gute Gabe Gottes. Geb's Gott.

Es war einmal ein Mann, der hatte drei Söhne.
Der erste hieß Schack, der zweite Schackschawerack,
der dritte Schackschawerackschackonimini.
Nun war auch eine Frau, die hatte drei Töchter.
Die erste hieß Sipp, die zweite Sippsiwelipp,
die dritte Sippsiwelippsippelimini.
Da nahm der Schack die Sipp,
der Schackschawerack nahm die Sippsiwelipp,
und Schackschawerackschackonimini nahm die Sippsiwelippsippelimini.

Wer nichts weiß und weiß, dass er nichts weiß,
weiß mehr als der, der nichts weiß und nicht weiß,
dass er nichts weiß.

Der Metzger wetzt sein Metzgermesser.

Drei tropfnasige traurige Trogträger trugen triefende Tröge treppauf, treppab.

Fischer, die als Floßfahrer auf Flussflößen auf Floßflüssen fahren,
sind fischende Floßflussflussfloßfahrer.
Wenn die fischenden Floßflussflussfloßfahrer aus den Floßflüssen Fische fischen,
sind's nicht bloß Fische, auch nicht Floßfische.
Es sind Floßflussfische, es sind Flossenfische: Es sind Floßflussflossenfische.

Zehn zahme Ziegen zogen zehn Zentner Zucker zur Zuckerziegelei.

Herr von Hagen
darf ich's wagen
Sie zu fragen
welchen Kragen Sie getragen
als Sie lagen krank am Magen
im Spital zu Kopenhagen.

Wer gegen ein Minimum an Aluminium immun ist, der ist aluminiumminimalimmun.

Wenn du diese Zungenbrecher mindestens drei Mal pro Woche laut liest – zwei Mal mit Korken und danach einmal ohne –, wirst du bald merken, dass du viel deutlicher sprichst und dir die Zungenbrecher gar nicht mehr schwerfallen. Du kannst stattdessen aber auch einfach eine Seite aus einem Buch laut vorlesen. Wähle eine beliebige Seite und lies sie zwei Mal laut mit Korken und einmal ohne. Wenn du das ein paar Wochen gemacht hast, hat das Nuscheln ein für alle Mal ein Ende.

Wichtig

- Gähnen tut der Stimme gut.
- Erkaue dir eine tiefe Stimme.
- Eine tiefe Stimme wirkt überzeugend und stark.
- Nach der Korken-Übung sprichst du deutlicher.

GEWUSST WIE – TIPPS UND TRICKS

Jetzt kannst du also schon tief sprechen und auf Punkt sprechen. Deswegen gehen wir einen entscheidenden Schritt weiter. Ich verrate dir in diesem Abschnitt, wie du dich gegen Lehrer wehren kannst, wenn sie dich unfair behandeln. Wobei »wehren« das falsche Wort ist. Ich werde dir verraten, wie du mit kleinen Tricks leichter an dein Ziel kommst – ganz egal, ob du möchtest, dass der Lehrer versteht, dass er gerade unfair war, oder ob du möchtest, dass er dir eine gerechte Note gibt.

Den ersten Trick habe ich von einem Geheimagenten gelernt. Er heißt Leo Martin und hat früher Kriminelle überführt. Er hat sie stundenlang verhört und Informationen aus ihnen herausbekommen wie kaum ein anderer. Das ist ein richtig cooler Mann, der heute wie ich auf der Bühne steht und über Rhetorik und Kommunikation redet. Er erklärt Erwachsenen wie deinen Eltern, was für Tricks er damals angewandt hat.

Eine seiner Geheimwaffen ist folgende: »Ich lasse andere stets gut aussehen und immer ihr Gesicht wahren.«

AGENTEN-GEHEIMWAFFE EINS: LASS DEN ANDEREN GUT AUSSEHEN

Damit will er sagen, dass er versucht, an jedem Menschen zumindest eine positive Eigenschaft zu finden. Die hat nämlich jeder. Stell dir vor, du wärst mit Simon in der Klasse, der dich ständig hänselt, weil er meint, dass du hässliche Klamotten trägst, uncool bist und darüber hinaus auch noch eine doofe Frisur hast. Simon hat jeden Tag nichts Besseres zu tun, als dich gleich morgens auszulachen und sich lauthals darüber auszulassen, wie hässlich deine Hose heute wieder ist. Wenn dieser Simon nun auf dich zukommt und fragt, ob du ihm bei einer Matheaufgabe helfen kannst, dann wird sich deine Begeisterung sehr wahrscheinlich in Grenzen halten. Warum solltest du jemandem helfen, der dich die ganze Zeit hänselt und dich eben nicht gut aussehen lässt? Es kann ja sein, dass deine Klamotten nicht dem Geschmack von Simon entsprechen, aber das ist noch lange kein Grund, dich deswegen zu hänseln.

Simon wird es also schwer haben, dich dazu zu bringen, dass du ihm einen Gefallen tust. Er hat die Agenten-Geheimwaffe eins nicht genutzt. Er hat dich nicht gut aussehen lassen.

Vielleicht magst du einen deiner Lehrer nicht. Wenn du aber schon aufstöhnst, wenn er nur den Raum betritt und du immer blöde Sprüche dazwischenrufst, während er versucht, euch zu unterrichten, dann lässt du ihn nicht gut aussehen. Und wenn du nun der Meinung bist, dass die Note unfair war, die er dir gegeben hat, und du ihn überreden möchtest, dir eine bessere zu geben, meinst du, dass er Lust darauf hat, dir einen Gefallen zu tun? Oder dass er Lust darauf hat, überhaupt mit dir zu reden? Es macht ihm einfach keinen Spaß, sich mit dir zu unterhalten, weil du ihn ständig ärgerst – genauso, wie es dir keinen Spaß macht, Simon zu helfen, weil er dich ständig ärgert.

Das Beispiel lässt sich auch auf deine Eltern übertragen. Wenn du immer nur herumnörgelst, weil sie dir nicht das neueste Handy kaufen, du nicht lange genug aufbleiben darfst und weil das Essen nie schmeckt, dann ist auch hier die Frage, ob deine Eltern Lust haben, sich mit dir zu unterhalten, wenn du beispielsweise ein neues Fahrrad von ihnen haben möchtest.

Wie wäre es, wenn Simon einfach aufhören würde, dich zu hänseln und stattdessen versucht, dich gut aussehen zu lassen? Das wäre einfach. Er spricht einfach nicht mehr darüber, dass ihm deine Klamotten nicht gefallen, und sagt dir immer mal wieder, wie toll er es findet, dass du in Mathe alles verstehst. Nun ist Simon also ein Junge, der nicht böse zu dir ist und dir sogar Komplimente macht. Und du wirst eher bereit sein, ihm bei der Matheaufgabe zu helfen.

Komm jetzt aber nicht auf die Idee, dass Simon schleimt. Nein! Das hat mit Schleimen nichts zu tun, denn er spricht nur aus, was er gut findet. Er behauptet nicht, dass er deine Klamotten genial findet. Das wäre dann nämlich nicht nur gelogen, es wäre auch geschleimt. Stattdessen sagt er, dass er es toll findet, wie gut du in Mathe bist. Und das ist eine Tatsache (sonst würde er auch nicht von dir abschreiben wollen).

Du musst den blöden Lehrer nicht lieben und es wäre auch heuchlerisch, wenn du auf einmal hinter ihm herlaufen und immer wieder betonen würdest, wie toll er ist. Aber versuche, etwas zu finden, das du an ihm magst. Vielleicht ist sein Unterricht interessant, dann konzentriere dich darauf und lass deinen Lehrer gut aussehen und sein Gesicht wahren, indem du dich rege daran beteiligst. In dem Fall wird es dem Lehrer auch Spaß machen, sich mit dir zu unterhalten, genauso wie ihm der Unterricht Spaß machen wird, weil die Schüler mitarbeiten. Und je mehr Spaß er hat, desto interessanter wird der Unterricht, weil er sich nun noch mehr Mühe gibt. Wenn du deinen Lehrer also gut aussehen lässt, dann verändert sich alles zum Positiven. Ist das geschleimt? Nein! Leo Martin hat das ständig gemacht und er ist ein cooler Geheimagent, der garantiert niemanden zuschleimt.

Bei deinen Eltern ist es das Gleiche. Du kannst deine Tasche beim Nachhausekommen in die Ecke pfeffern, lustlos alles essen, was deine Mutter gekocht hat, und dann Türen knallend in dein Zimmer verschwinden. Aber wie wird sich deine Mutter dann fühlen? Sie hat das Haus sauber gemacht, vielleicht sogar dein Zimmer aufgeräumt und sie hat für dich gekocht. Sie hat sich auf ein Gespräch mit dir gefreut. Und was bekommt sie? Nur schlechte Laune. Du lässt sie nicht gut aussehen. Du zeigst ihr, wie unwichtig sie ist. Wie wäre es stattdessen, ihr einmal zu sagen, wie toll du es findest, dass sie dein Zimmer aufgeräumt hat? Oder ihr ein Kompliment für das gute Essen zu machen? Du könntest ihr außerdem etwas von der Schule erzählen und ihr damit zeigen, wie wichtig es dir ist, mit ihr darüber zu reden. Mit anderen Worten: Zeige Interesse an ihr. Denn auch dadurch lässt du den anderen gut aussehen.

AGENTEN-GEHEIMWAFFE ZWEI: GIB DEM ANDEREN DIE MÖGLICHKEIT, SEIN GESICHT ZU WAHREN

Mit »Gesicht wahren« ist gemeint, dass du jemanden nicht gleich fertigmachst, nur weil er einen Fehler gemacht hat. Ich habe in einer Klasse erlebt, dass ein Kind aus Versehen ein Glas Wasser über den geschlossenen Rucksack eines Mitschülers geschüttet hat. Es war keine Absicht, aber der Schüler mit dem Rucksack hat sich so aufgeregt, dass er den andern verprügeln wollte. Nachdem ich das verhindern konnte, hat er ihn auf das Übelste beschimpft. Warum eigentlich? Der Rucksack war geschlossen und es ist kein Wasser an die Schulsachen gelangt. Sein Verhalten war also völlig unangemessen. Mir ist natürlich klar, dass sich der Schüler mit dem Rucksack total cool vorkam, aber ein wirklich cooles Verhalten war das nicht – ganz im Gegensatz zu dem, was Geheimagent Leo Martin empfiehlt: Sorge immer dafür, dass der andere sein Gesicht wahren kann, sowohl Freund als auch Feind. Natürlich darf sich der Junge mit dem Rucksack in diesem Fall ärgern, denn es ist doof, wenn der Rucksack nass wird. Aber er könnte dem Jungen, der das Wasser verschüttet hat, auch sagen, dass er weiß, dass er es nicht mit Absicht gemacht hat. Das hätte dafür gesorgt, dass er nicht als Loser dasteht. Denn sobald du jemandem das Gefühl gibst, dass er ein Opfer, ein Verlierer, ein Loser ist, gibst du die Agenten-Geheimwaffe zwei aus der Hand.

Und was passiert dann? Der Junge mit dem nassen Rucksack ist sauer, der Junge, der das Wasser verschüttet hat, ist sauer und es entsteht Krieg. Macht das Spaß? Nein. Ist das cool? Nein. Falls der Junge mit dem Wasserglas gut in Biologie ist, wird er dann dem Jungen mit dem Rucksack helfen? Nein. Was hat der Junge mit dem nassen Rucksack erreicht? Nichts.

Verwechsle Schleimen nicht mit Interesse. Bleib neugierig und interessiere dich für andere, auch wenn sie mal anderer Meinung sind. Wenn du sofort sagst »Du lügst«, dann sorgst du dafür, dass er sein Gesicht verliert. Frag stattdessen nach und versuche herauszufinden, ob du etwas falsch verstanden hast oder vielleicht findet ihr heraus, dass er etwas falsch verstanden hat. Und selbst wenn du der Meinung bist, dass er lügt, musst du das nicht vor allen hinausposaunen. Du kannst einfach erwidern, dass du anderer Meinung bist. Und wenn du dann mit ihm allein bist, kannst du ihm sagen, dass du das nicht glaubst. Da du das unter vier Augen tust, ist es kein Problem, denn vor der Klasse wahrt er sein Gesicht.

Hab auch Interesse an deinen Lehrern. Denn sie sind nicht dazu da, um dich zu quälen, sondern um dir etwas beizubringen. Sie möchten dich fit für das spätere Leben machen und dir dabei helfen, dass du den Beruf ergreifen kannst, der dir wirklich Spaß macht. Du hast vielleicht auch schon mal den Spruch »Du lernst nicht für die Schule, sondern fürs Leben« gehört. Nervt er dich auch so? Ich fand den früher auch immer doof. Wobei der nicht doof ist. Überleg doch mal genau, was dir der Spruch sagen will. Du lernst nicht nur für eine gute Note, sondern auch dafür, dass du dir später jeden Beruf aussuchen kannst, den du machen willst. Wenn du schlechte Noten hast, dann hast du keine große Berufsauswahl. Ein kleines Bespiel: Wenn du mit Tieren arbeiten möchtest, dann könntest du mit guten Noten später studieren und Tierärztin werden. Wenn deine Noten allerdings schlecht sind, dann wird es nur für eine Tierpflegerin reichen. Auch die werden gebraucht und machen einen super Job. Wenn du lieber die Hundekäfige in Tierheimen sauber machst, als Hunde, Katzen und Pferde zu retten, dann ist das ein feiner Weg. Wenn du gute Noten hast, dann hast du allerdings die Wahl: Tierärztin oder Tierpflegerin?!

Und hab auch Interesse an deinen Eltern. Mach dir bewusst, wie viel sie für dich tun. Da könnte ein kleines Dankeschön hin und wieder nicht schaden. Warum fragst du deine Mutter nicht mal, was sie früher werden wollte? Oder deinen Vater, wie er damals in Physik war?

WORÜBER WILLST DU NACHDENKEN?

Zähl mal bis eins. Gemacht? Super. Das war eine Sekunde. Du kannst natürlich auch auf deine Armbanduhr oder auf die große Küchenuhr schauen. Eine Sekunde geht schnell vorbei. Aber weißt du, wie viele Informationen dein Gehirn in dieser Zeit aufnehmen kann? 11,2 Millionen!

Überleg dir das mal. Natürlich ist es schwer, sich so eine gewaltige Zahl vorzustellen, und ich kann auch nicht 11,2 Millionen Informationen in dieses Buch schreiben, damit du dir das leichter vorstellen kannst. Dazu bräuchte ich nämlich nicht nur ein Buch, sondern Hunderte. Besitzt du überhaupt so viele? Zähl mal durch, ob du 10, 20 oder 30 Bücher hast. Selbst in diesen ganzen Büchern findest du noch lange keine 11,2 Millionen Informationen. Doch genauso viele kann dein Gehirn jede Sekunde wahrnehmen. Jede Sekunde. Jedes Mal, wenn du EINS zählst, nimmt dein Gehirn 11,2 Millionen Informationen wahr.

Allerdings denkst nicht über alles bewusst nach. Stell dir vor, du solltest über eine Matheaufgabe nachdenken und gleichzeitig überlegen, was du dir zu Weihnachten wünschst und wie du deine Eltern überreden kannst, dir mehr Taschengeld zu geben. Das wären gerade einmal drei Aufgaben und selbst mit diesen drei Aufgaben wärest du schon überfordert und würdest sie bestimmt nicht in einer Sekunde beantworten können. Das bedeutet, dass unser Gehirn ganz viel wahrnimmt, unbeschreiblich viel. So viel, dass wir es uns noch nicht mal vorstellen können. Es bedeutet aber auch, dass wir nur über ganz wenige dieser vielen, vielen Informationen bewusst nachdenken. Dein Gehirn sieht vielleicht: Schuhe, blau, Flur, Uhr, Jeans, Mutter, Brot, Schwester, Tränen, Papa, Porsche. Und dabei habe ich jetzt nur ganz wenige Informationen genommen, dein Gehirn registriert noch viel mehr. Nun ist es deine Entscheidung, über welche dieser Informationen du bewusst nachdenkst.

Schlagfertig in der Schule

Falls du dich fragst, warum deine kleine Schwester weint, dann wird dich alles andere erst einmal nicht interessieren. Bist du aber begeistert, dass dein Vater dich mit dem Porsche zur Schule fahren will, dann wird das Weinen deiner Schwester zur Nebensache. Ärgerst du dich, dass du die blauen Schuhe anziehen sollst, obwohl du deswegen immer gehänselt wirst, dann wird dich wiederum der Porsche im Moment nicht interessieren.

In jeder Sekunde gibt es ganz viele schöne Informationen, einige neutrale und einige traurige oder schlimme. Es ist deine Entscheidung, über welche du bewusst nachdenkst. Und dadurch entscheidest du auch, wie es dir geht. Wenn du über die schönen Dinge nachdenkst, geht es dir bestimmt besser, als wenn du über die schlimmen nachdenkst. Auf die Schule bezogen heißt das: Du kannst während des Unterrichts entweder darüber nachdenken, wie blöd du den Lehrer findest, oder du denkst darüber nach, wie interessant die Englischstunde ist.

Ich verrate dir noch etwas: Auch deine Mitschüler, deine Lehrer und deine Eltern nehmen in jeder Sekunde 11,2 Millionen Informationen wahr. Wenn du also zum Beispiel beim Referat vorne stehst, dann sehen deine Mitschüler und dein Lehrer, dass du von einem Bein aufs andere trittst. Sie sehen, dass du deine Hände knetest. Sie sehen, dass du verlegen wegschaust. Sie sehen, dass du ein Bild in der Hand hältst. Und damit habe ich nur ein paar der Dinge genannt, die jeder von ihnen gerade wahrnimmt. Doch wenn du das Bild nun hochhältst und etwas darüber erzählst, dann werden sie nur darauf achten und sich nicht mehr fragen, warum du so herumzappelst.

Es ist im Prinzip wie ein Ablenkungsmanöver. Stell dir vor, du sitzt mit deiner Familie am Tisch und ihr esst gemeinsam Abendbrot. Nun möchtest du aus Spaß gern eine Wurstscheibe vom Teller deines Bruders klauen. Um ihn abzulenken, sagst du: »Schau mal, der Hund da draußen ...« Dein Bruder schaut aus dem Fenster und in dem Moment kannst du dir die Wurstscheibe von seinem Teller nehmen und schnell in den Mund schieben. Und genauso kannst du von Fehlern ablenken, die du beim Referat machst. Indem du die Dinge, die du ganz toll kannst, besonders betonst, fallen die anderen, die du nicht so gut kannst, nicht so sehr auf.

Du kannst deinen Eltern erzählen, wie toll der Sportunterricht war und dass du beim Sprint gewonnen hast. Dadurch lenkst du die Aufmerksamkeit deiner Eltern auf den Sportunterricht und deine gute Leistung. Vielleicht vergessen sie dann, danach zu fragen, welche Note du in der Mathearbeit bekommen hast. Und wenn du schließlich beichtest, dass du nur eine Vier bekommen hast, kannst du gleich erwähnen, dass du diese eine Aufgabe, die du vorher nie verstanden hast, richtig gelöst hast. Damit lenkst du die Aufmerksamkeit ebenfalls auf etwas Positives. Deine Eltern können nicht über alles gleichzeitig nachdenken, also entscheidest du beim Reden, worüber sie nachdenken.

Wenn du von der Lehrerin etwas möchtest, dann ist es schlau, darüber zu reden, wie viel Spaß dir der Unterricht macht. Das freut sie und lenkt ihre Aufmerksamkeit auf etwas Positives. Danach kannst du dann fragen, ob du vielleicht deine Hausarbeit später abgeben kannst, weil deine Großmutter morgen zu Besuch kommt und du dich um sie kümmerst. Da du die Lehrerin gut aussehen lässt (»Der Unterricht macht mir Spaß«) und sie das Gesicht wahren kann (»Ich würde viel lieber die Hausarbeit schreiben, aber ich muss mich um meine Großmutter kümmern«), könnte es gut sein, dass Sie dir erlaubt, die Hausarbeit einen Tag später abzugeben.

FRAGEN, FRAGEN, FRAGEN

Wie man am besten Fragen stellt, brauche ich dir nicht beizubringen. Das kannst du »noch« ganz prima! Wieso »noch«? Ganz einfach: Als kleine Kinder fragen wir unseren Eltern sprichwörtlich Löcher in den Bauch. Doch irgendwann verlernen viele von uns das Fragenstellen. Sie tun es einfach nicht mehr. Und wenn sie dann erwachsen sind, wie deine Eltern, dann wird es ihnen wieder beigebracht. Denn durch Fragen kannst du ganz prima herausfinden, was dein Gegenüber will – und das wiederum kannst du nutzen, um dein Ziel zu erreichen. Ein Beispiel: Du möchtest gern länger wach bleiben, aber deine Eltern sagen Nein. Wenn du nun fragen würdest: »Warum denn nicht?«, und sie dir sagen »Weil du morgen früh aufstehen musst«, dann kannst du beim nächsten Mal gleich so fragen: »Darf ich heute Abend länger aufbleiben? Ich habe Morgen auch erst zur dritten Stunde Schule.«

Du kannst durch Fragen auch herausfinden, warum du in Deutsch nur eine Drei bekommen hast. Frag den Lehrer: »Warum habe ich keine bessere Note bekommen?« Und er wird dir vielleicht antworten: »Weil du im Unterricht zu wenig mitmachst.« Dann weißt du, dass du im nächsten Halbjahr eine bessere Note bekommen kannst, wenn du dich häufiger meldest und deinem Lehrer deutlich zeigst, dass du Interesse an seinem Unterricht hast. Falls du dann wieder nur eine Drei bekommst, frag ihn ganz direkt: »Was muss ich machen, damit ich noch eine Zwei bekomme?« Denn selbst wenn er sagt, dass du in diesem Jahr nichts mehr machen kannst, weißt du zumindest, was du im nächsten Jahr zu tun hast.

Falls deine Eltern im Urlaub unbedingt nach Spanien fahren wollen, du aber keine Lust darauf hast, dann frage: »Warum wollt ihr nach Spanien? Was ist euch wichtig im Urlaub? Warum dürfen wir Kinder nicht mitentscheiden?« Fragen kann nie schaden. Selbst wenn du mal eine doofe Antwort bekommst oder jemand nicht antworten mag: Frag weiter. Es interessiert dich, wie andere denken. Es interessiert dich, warum du eine schlechte Note bekommen hast. Es interessiert dich, warum dich der eine Schüler immer ärgert. Es interessiert dich, warum jemand schlechte Laune hat.

Wenn du dich verletzt fühlst (wegen der schlechten Note oder weil eine Mitschülerin dich blöd angemacht hat), dann ist das verständlich, versaut dir aber den Tag. Geh doch lieber neugierig an die Sache heran: Warum hat die Schülerin das gesagt? Was ist los? Frag sie. Und selbst wenn du keine Antwort bekommst, ist es deine Entscheidung, ob du dich wegen einem blöden Spruch aufregen und dir die Laune verderben lassen willst. Ist diese Mitschülerin so wichtig, dass sie dir den ganzen Tag versauen darf? Es ist deine Entscheidung, ob du ihr so viel Macht geben willst oder nicht. Du kannst dich ärgern, du kannst sie aber auch fragen und ansprechen und eine Lösung finden. Und wenn dabei nichts herauskommt, dann unterhältst du dich einfach mit deiner besten Freundin oder deinem besten Freund. Das macht viel mehr Spaß, als sich über einen blöden Spruch zu ärgern.

Merke: Wenn du etwas nicht verstehst oder etwas Bestimmtes bekommen möchtest, dann frage nach.

Aber natürlich kannst du nicht immer gleich alles bekommen, was du haben möchtest, es sei denn, deine Eltern haben so viel Geld, dass Sie dir sowohl einen Laptop als auch eine Playstation und ein iPad als auch das neueste Handy kaufen können. Wenn das nicht der Fall ist, dann überlege dir genau, was du wirklich haben möchtest. Das ist dann dein Ziel. Und nun kannst du zu deinen Eltern gehen und sie erst einmal fragen, warum du es nicht bekommst. Achte auf die Gründe, die deine Eltern dir nennen. Wenn sie sagen, dass es zu teuer ist, dann ist deine Aufgabe, es irgendwo günstiger zu finden, vielleicht gebraucht von einem Freund oder bei eBay. Wenn sie sagen, dass du dann nur noch vor dem Computer sitzt und gar nicht mehr rausgehst, zeige ihnen, wie gern du draußen spielst und Sport treibst. Und frage sie: »Wenn ich das iPad bekomme und verspreche, dass ich jeden Tag nur eine Stunde damit spiele, ist es dann in Ordnung?« Oder du fragst: »Was muss ich machen, damit ich es bekomme?« Du wirst fast jedes Ziel erreichen, wenn du fragst, aus den Antworten lernst und Interesse an anderen Menschen hast.

Noch eine Kleinigkeit: Es ist immer schön, wenn du eine Situation, die dich stört, konkret ansprichst. Damit meine ich, dass du genau sagst, was du siehst, fühlst und denkst. Das trauen sich viele nicht und daher werden dich alle für sehr mutig halten, wenn du es tust.

Ich gebe dir einige Beispiele: Du triffst dich mit einer Freundin und erzählst ihr von dem Streit, den du mit deinem Bruder hattest. Du merkst aber, dass sie dir nicht richtig zuhört, kaum Fragen stellt und immer wieder auf ihr Handy schaut. Dann kannst du sagen: »Ich habe das Gefühl, es interessiert dich nicht, was ich gerade erzähle.« Vielleicht antwortet sie dann, dass es sie wirklich nicht interessiert, weil du dich ja ständig mit deinem Bruder streitest, oder sie sagt, dass sie gerade selbst Zoff hat und deswegen auf eine SMS wartet. Nun könntest du sie fragen, was vorgefallen ist und wer eine SMS schreiben soll. Ihr redet also über den Zoff der Freundin, und wenn sie das losgeworden ist, wird sie sich auch gern anhören, was du zu erzählen hast.

Wenn du beim Referat vor der Klasse stehst und dir vor Aufregung die Knie schlottern, dann kannst du so beginnen: »Ich bin so aufgeregt, dass meine Knie schlottern. Sieht man das?« Entweder sagen die Mitschüler Ja und lachen mit dir oder sie beruhigen dich und sagen, dass man es nicht sieht.

Deine Eltern wollen dir seit Jahren keine Katze kaufen und kommen ständig mit neuen Ausreden. (»Du bist zu jung.« »Mama hat dann die ganze Arbeit.« »Nicht vor den Ferien.« »Das ist zu teuer.«) Dann kannst du irgendwann sagen: »Ich habe das Gefühl, dass ich nie eine Katze bekommen darf. Ihr gebt mir keine Chance, euch zu beweisen, dass ich für eine Katze sorgen kann.«

Schmoll nicht einfach nur, schlag nicht mit Worten um dich, sondern versuche, die Erwachsenen, also deine Eltern und deine Lehrer, zu überzeugen, indem du Fragen stellst, die Situation ansprichst und sie gut aussehen lässt.

Wichtig

- Lass andere gut aussehen und lass sie ihr Gesicht wahren.
- Verwechsle Schleimen nicht mit Interesse.
- Du entscheidest, worüber du und andere bewusst nachdenken.
- Sprich Situationen, die dich stören, konkret an.
- Stell Fragen, hab Interesse, bleib neugierig.

MÜNDLICHE MITARBEIT: 1+

Wenn du dir immer wieder vor Augen hältst, dass du nicht wie die anderen sein musst, um cool und überzeugend zu sein, dann wird es dir bestimmt leichter fallen, dich mal zu melden oder ein Referat zu halten. Ist doch egal, dass Sandra sich schneller meldet und Raphael sowieso immer alles weiß. In diesem Buch – und auch im Leben – geht es nicht darum, dass du dich änderst. Es geht darum, dass du neugierig bist und bleibst. Geh also mit dieser Neugierde auch an dieses Kapitel und lerne, wie du ein super Referat halten kannst. Ein richtig toller und cooler Mensch bist du jetzt schon.

DIE ÜBERRASCHUNG BEIM REFERAT

Rhetorik bedeutet, mit Worten ein Ziel zu erreichen. Das haben wir ganz am Anfang bereits besprochen. Wenn du von deinem Lehrer nun die Aufgabe bekommst, ein Referat zu halten, dann ist dein Ziel, eine gute Note dafür zu bekommen. Und um das zu erreichen, ist es schlau, wenn du dir vorher genau überlegst, wie du das Referat aufbauen willst. Mit anderen Worten: Entscheide dich, was du als Erstes sagst, was du in der Mitte sagst und was du zum Schluss sagst. Die Reihenfolge spielt dabei eine große Rolle, denn der Anfang und der Schluss sind am wichtigsten – daran erinnert sich nämlich jeder. Das beweise ich dir mit einem kleinen Beispiel.

ANFANG UND ENDE BLEIBEN IN ERINNERUNG

Stell dir vor, du hast eine Oma, die zwar super lieb ist, aber dich gleich bei der Begrüßung immer abknutscht. Ein dicker Schmatzer hier und dort, begleitet von dem Satz: »Was bist du aber groß geworden.« Danach kümmert sich die Oma um deine Eltern und deine Geschwister, mit anderen Worten: Du hast Ruhe. Dann gibt es ein Geschenk und ein besonders leckeres Essen. Danach unterhält sich deine Oma noch nett mit dir. Sie fragt, ob du mit deiner Fußballmannschaft letztens gewonnen hast oder welche neue Figur du beim Hip-Hop gelernt hast. Das ist der Mittelteil des Besuchs. Und beim Abschied kommt wieder die Küsserei. Woran denkst du sofort, wenn du an die Oma denkst? An das nette Gespräch? An die tollen Geschenke? An das leckere Essen? Nein. Du wirst dich vor allem an das Abknutschen erinnern. Und dabei spielt es keine Rolle, ob du es magst, geküsst und umarmt zu werden, oder nicht.

Bei einem Kinofilm ist es genauso: Wenn der Anfang und der Mittelteil ein Knaller sind, aber danach ein lahmes Ende kommt, bist du enttäuscht. Und hinterher sagst du nicht, dass nur das Ende doof war und der restliche Film toll, sondern du sagst, dass der ganze Film blöd war. Das Ende hat dir den gesamten Film vermiest.

Ähnlich verhält es sich bei Sängern oder Tänzern. Sie üben vor allem den Anfang und das Ende einer Show. Und wenn du bei einem Konzert bist, bei dem mehrere Künstler nacheinander auftreten, dann werden die beliebtesten Künstler an den Anfang und ans Ende gepackt. Stell dir einfach vor, es ist ein Konzert mit Justin Bieber, Pietro Lombardi, Jürgen Drews und Michael Wendler. Natürlich sind auch Jürgen Drews und der Wendler große Stars, zumindest für all diejenigen, die gern Schlager hören. Doch die meisten Zuschauer sind sicherlich wegen Pietro Lombardi und Justin Bieber gekommen. Entsprechend wird Pietro Lombardi als Erster singen, in der Mitte Michael Wendler und Jürgen Drews und zum Schluss Justin Bieber. Das Beste kommt am Anfang und am Ende. Wer in der Mitte singt, ist nicht so wichtig.

Ich bin Sängerin, und wenn ich früher zum Beispiel in einer Kirche gesungen habe, dann war das Wichtigste, dass ich den ersten und den letzten Ton treffe und richtig gut singe. Denn wenn ich den ersten Ton nicht getroffen habe, aber dafür den Rest des Liedes richtig und schön gesungen habe, dann haben mich hinterher immer viele Leute angesprochen und gemeint, dass ich heute nicht so gut war. Das Gleiche passierte mir, wenn ich den ersten Ton getroffen und auch das gesamte Lied gut gesungen habe, aber dann der letzte Ton danebenging. Wieder wurde mir gesagt, dass ich heute nicht so gut war.

Doch nun das Gute: Wenn ich den ersten und den letzten Ton getroffen habe, dafür aber in der Mitte fünf oder sechs Töne nicht, dann konnte sich kaum einer daran erinnern und ich wurde für meinen schönen Gesang gelobt. Auch hier gilt also: Anfang und Ende bleiben in Erinnerung.

Und gerade mit dem Ende kann die gesamte Vorstellung kippen. Wirkt beispielsweise bei *DSDS* ein Sänger nach seinem Auftritt total arrogant, weil er über die anderen Teilnehmer lästert oder behauptet, dass er sowieso gewinnt, dann finden wir seine Performance im Nachhinein nicht mehr so gut – selbst wenn er sich vorher total cool auf der Bühne bewegt und toll gesungen hat. Richtig?

Nachdem dir bewusst ist, wie wichtig es ist, den ersten und den letzten Ton gut zu treffen beziehungsweise am Anfang und am Ende stark zu wirken, gehen wir nun zum eigentlichen Thema zurück, zu deinem Referat: Überlege dir vorher genau, woran sich deine Lehrerin und deine Mitschüler erinnern sollen, und setze das an den Anfang und den Schluss. Dann ist es auch nicht schlimm, wenn du im Mittelteil mal nicht weiterweißt oder unsicher wirst, weil sich kaum jemand daran erinnern wird. Wichtig ist nur, dass du dich danach wieder voll und ganz auf das Ende konzentrierst, damit du da besonders gut bist.

NICHT ÄRGERN, SONDERN ABHAKEN UND WEITERMACHEN

Deshalb darfst du dich auch nicht zu lange über Fehler ärgern. Als ich noch beim Radio moderiert habe, haben wir in solchen Fällen immer gesagt: »Das ist versendet.« Denn im Radio ist alles live, und während ich ins Mikrofon rede, hörst du es schon. Was bringt es mir also, mich über den Fehler zu ärgern? Gar nichts. Ich kann ihn ja doch nicht mehr rückgängig machen. Wenn du einen Brief verschickst, dann kannst du den vielleicht wieder aus dem Postkasten holen oder die Postfrau fragen, ob sie dir den Brief gibt, bevor sie alles in einem großen Sack verstaut. Meinen Fehler im Radio kann ich nicht zurückholen. Der ist schon bei dir angekommen und auch bei allen anderen Zuhörern. Wenn ich mich darüber ärgere, mache ich womöglich nur noch mehr Fehler und bin dann die nächste Stunde total schlecht gelaunt, sodass es dir überhaupt keinen Spaß macht, mir zuzuhören. Deswegen kamen dann immer schnell andere Radiomitarbeiter zu mir, die gesagt haben: »Nicht ärgern. Es ist versendet.« Und das habe ich dann gemacht.

Das ist genauso, wie wenn deine Mutter in der Küche Milch verschüttet. Sie kann sich darüber ärgern, weil sie nun den Küchenboden putzen muss, sie kann es aber auch lassen und weiterhin gut gelaunt bleiben. Denn der Küchenfußboden wird nicht schneller sauber, wenn sie schlechte Laune hat. Der Tag wird nicht schöner, wenn sie schlecht gelaunt ist. Fehler sind nicht schlimm. Verschüttete Milch ist nicht schlimm. Lass dir dadurch nicht die gute Laune verderben und konzentriere dich beim Referat, bei der mündlichen Prüfung oder bei einem Gespräch einfach auf das Ende. Wenn du dort mit guter Laune einen prima Eindruck machst, dann wird sich kaum jemand an den Fehler erinnern. Abgemacht?

ÜBERRASCHE DEINE ZUHÖRER

Nun ist die Frage: Wie können so ein Anfang und ein Ende aussehen? Auf alle Fälle ist es schlau, wenn du dich für ein Thema entscheidest und das dann sowohl an den Anfang als auch ans Ende stellst. Dann wirkt dein Vortrag rund. Im

Prinzip ist es wie bei einem Märchen. Das fängt an mit »Es war einmal ...« und hört auf mit: »Und wenn sie nicht gestorben sind, dann leben sie noch heute.« Nun ist so ein Anfang und Ende allerdings nicht sehr originell. Jedes Kind weiß, wie ein Märchen beginnt und wie es aufhört. Du kannst deine Lehrer und deine Mitschüler leichter beeindrucken, wenn du sie überraschst.

Du könntest also das langweilige Märchen als Vorbild nehmen, aber dann eine lustige Geschichte daraus machen. Hier ein Beispiel: In einer 5. Klasse, in der ich mit den Schülern geübt habe, war ein Junge, der ein Referat über Wanderdünen halten sollte. Er könnte anfangen mit: »Es war einmal ein Junge, der sollte über Wanderdünen reden ...« Und am Ende des Referats könnte er sagen: »Und wenn die Wanderdünen nicht weitergewandert sind, dann sind sie noch heute genau an der gleichen Stelle auf Sylt, wo ich sie gesehen habe.« Damit hätte er sich zwar des Märchenthemas bedient, seine Zuhörer aber trotzdem überrascht. Und was bliebe in Erinnerung? Dass er über Wanderdünen geredet hat, die umherwandern, und dass er sie live auf Sylt gesehen hat. Zudem hätte er gezeigt, dass er Humor hat. So einfach ist das.

Ich verrate dir jetzt, wie ich es mache. Leg mal die CD ein und höre dir Kapitel 4 an.

Ja, du hast richtig gehört. Ich singe die erste Strophe von »Amazing Grace«. Und genauso verwundert, wie du vielleicht warst, sind auch die Erwachsenen, die mich auf der Bühne sehen. Dort stehe ich, weil ich Erwachsenen wie deinen Eltern erklären will, was Rhetorik ist. Die sitzen also auf ihren Stühlen, sehen mich auf der Bühne und denken, dass ich nun anfange zu reden. Aber stattdessen singe ich »Amazing Grace«. Damit rechnen sie nicht. 1:0 für mich. Und da sich das Ende auf den Anfang beziehen soll, höre ich auch wieder mit Gesang auf. Dafür wähle ich aber ein schnelles Lied, bei dem alle mitsingen können, und überrasche meine Zuhörer so noch einmal. Und was meinst du, woran die sich erinnern? Daran, dass ich etwas Besonderes bin. Ich bin nämlich nicht nur eine Rednerin, die auf der Bühne redet, ich bin eine singende Rednerin, die sowohl redet als auch singt.

Wichtig ist dabei, dass das Singen zu meinem Inhalt passt. Daher erzähle ich nach dem Lied »Amazing Grace«, dass ich zuerst das Singen gelernt habe und dann erst zur Rhetorik gekommen bin, über die ich heute spreche. Wenn der Junge mit dem Wanderdünen-Referat am Anfang »Alle meine Entchen« singen und dann etwas über die Wanderdünen erzählen würde, dann wäre das zwar überraschend, aber es würde nicht passen. Würde er allerdings »Das Wandern ist des Müllers Lust« singen und danach sagen, dass nicht nur der Müller gern wandert, sondern auch so manche Düne, dann wäre das nicht nur lustig und überraschend, sondern auch rund. Um am Ende für noch mehr Überraschung zu sorgen, könnte er das Lied mit einem neuen Text versehen und stattdessen singen: »Das Wandern ist der Düne Lust ...«

Jetzt denkst du vielleicht: »Nee, ich kann nicht singen. Überhaupt ist singen doof.« Keine Sorge, es kommen noch ganz viele andere Beispiele, bei denen niemand singen muss. Denn das Wesentliche dabei ist nicht das Singen, sondern, dass du deine Mitschüler und deinen Lehrer überraschst. Und wenn dir singen zu uncool ist, dann rappe doch einfach. Denk dir einen Text aus, der zu deinem Thema passt, und fang an zu rappen. Ich kann zwar nicht besonders gut rappen, aber ich habe dir ein Beispiel auf der CD vorgerappt. Höre dir bitte Kapitel 5 an:

Das // Wandern ist der // Düne Lust,

doch // ich habe to- // talen Frust,

denn // als ich das Thema be- // kam,

// fand ich es voll // lahm.

Danach kannst du dann sagen, dass du mit der Zeit gemerkt hast, dass dieses Thema sehr, sehr spannend ist, und dann erzählst du davon, was so interessant ist an der Wanderdüne. Und am Ende könntest du dann folgenden Text rappen. Ich mache es dir in Kapitel 6 wieder vor:

Das // Wandern ist der // Düne Lust,

und // ich habe jetzt // keinen Frust,

denn das // Referat ist vor- // bei

und // ich bekomme // mindestens eine // Zwei.

Eine andere Schülerin in meinem Training hatte als Thema die Blockflöte. Sie hat dann am Anfang kurz etwas vorgespielt und am Ende wieder. Das geht auch.

In einer anderen Klasse sollte ein Schüler über Eichhörnchen reden. Da habe ich ihm vorgeschlagen, dass er ein Bild von dem Eichhörnchen aus *Ice Age* ausdruckt. Sein Referat fing dann so an: »Ich darf heute über eine Berühmtheit sprechen, eine Berühmtheit, die schon in vielen Filmen die Hauptrolle gespielt hat. Ich rede von dem hier ...« Und dann hielt er das ausgedruckte Bild hoch. Anschließend erzählte er, wo Eichhörnchen vorkommen, was sie essen etc. Am Ende hielt er wieder das Bild hoch und sagte: »Dieses Eichhörnchen wollte unbedingt seine Eichel bekommen. Wenn ihr also in Zukunft ein Eichhörnchen seht, dann werft ihm eine Eichel zu, damit es glücklicher wird als sein berühmter Kollege hier.«

Wenn du zum Schluss nicht so viel reden willst, frage deine Lehrerin, ob sie dir für das Referat einen Beamer ins Klassenzimmer stellen kann. Damit kannst du Filme vom Laptop an die Wand werfen und beispielsweise den Ausschnitt aus *Ice Age* zeigen, wo das Eichhörnchen die Eichel endlich bekommt. Den Laptop kannst du dir von deinen Eltern oder deiner Lehrerin leihen, den Filmausschnitt findest du bei YouTube im Internet.

Hältst du ein Referat über ein Buch, könntest du zum Beispiel am Anfang eine kurze Passage vorlesen und an der spannendsten Stelle aufhören. Dann erzählst du etwas über das Buch. Am Ende liest du den Absatz vom Anfang noch einmal vor, aber dieses Mal mit dem spannenden Ende.

Falls du ein Thema hast, bei dem du über eine berühmte Person reden darfst, kannst du auch mit einem Zitat beginnen. Jemanden zitieren bedeutet, dass du haargenau ein oder zwei Sätze erzählst, die diese Person einmal gesagt hat. Im Prinzip zitierst du auch deine Freundin, wenn du sagst: »Du hast gesagt. ›Du lässt mich nie an deinen Computer‹.«

Entspricht das dem genauen Wortlaut deiner Freundin, ist es ein Zitat. Allerdings ist es beim Referat wichtig, dass du hinterher sagst, dass es ein Zitat war. Wenn du das vergisst, denken deine Mitschüler womöglich, dass du dir das selbst ausgedacht hast. Und dein Lehrer meint, dass du dich mit fremden Federn schmücken möchtest. Zitieren ohne zu sagen, von wem das Zitat stammt, ist genauso wie bei einer Schularbeit abschreiben.

Wenn du nun mit einem Zitat angefangen hast, dann kannst du auch wieder mit dem gleichen oder einem anderen Zitat dieser Person aufhören. Ich gebe dir ein Beispiel: Dein Lehrer möchte, dass du ein Referat über Giovanni Trapattoni hältst. Das ist ein Fußballtrainer, der vor einigen Jahren die Mannschaft von Bayern München gecoacht hat. Dieser Mann ist Italiener und von ihm stammen einige lustige Sätze, weil er Deutsch zwar ganz gut versteht, aber es nicht gut spricht. So hat er beispielsweise einmal gesagt: »Ich habe fertig.« Das könntest du als Anfang benutzen und dann sofort erwähnen, dass das der damalige Trainer von Bayern München, Giovanni Trapattoni, gesagt hat. Danach erzählst du, in welchem Zusammenhang er es gesagt hat und was dieser Trainer alles geleistet hat. Am Ende deines Referats, wenn du mit dem Mittelteil fertig bist, hörst du erst einmal auf zu reden. Du machst eine Pause. Dabei schaust du deine Mitschüler sowie deinen Lehrer an und sagst erst einmal gar nichts. Zähle innerlich bis fünf. Nach der Pause sagst du dann »Ich habe fertig« und beendest damit dein Referat.

Vielleicht bekommst du von deinem Lehrer ja auch die Aufgabe, über eines deiner Hobbys zu reden. Falls du gut malen kannst und über dieses Hobby reden möchtest, könntest du dich am Anfang an die Tafel stellen und Folgendes sagen und gleichzeitig malen: »Punkt, Punkt, Komma, Strich, fertig ist das Mondgesicht.« Damit deine Mitschüler aber nicht denken, dass du in Wirklichkeit gar nicht malen kannst, zeigst du am Ende noch einige richtig tolle Bilder, die du zu Hause gemalt hast.

Deiner Fantasie sind keine Grenzen gesetzt. Überrasche die Klasse und den Lehrer am Anfang ein bisschen und am Ende noch mehr. Das ist die wichtigste Aufgabe. Natürlich muss der Mittelteil ebenfalls gut ausgearbeitet sein, aber davon gehe ich jetzt einfach mal aus. Denn auch wenn sich der Lehrer und deine Mitschüler später eher an den Anfang und das Ende erinnern, fließt der Mittelteil genauso in deine Note mit ein. Sieh dir Lady Gaga an. Sie überrascht regelmäßig ihre Fans und die Presse. Sie zieht sich ständig neue verrückte Klamotten an und schminkt sich so extrem, dass man ihr Gesicht kaum noch erkennt. Auch trägt sie häufig Brillen, durch die sie gar nicht besser sehen kann. Das hat sie berühmt gemacht. Allerdings reicht dieser Überraschungseffekt allein nicht, um über so viele Jahre erfolgreich zu sein. Sie kann darüber hinaus gut singen, Klavier spielen und komponieren. Das ist vergleichbar mit dem Mittelteil deines Referats. Der ist wichtig, auch wenn wir sofort an die bunten Kostüme und die viele Schminke denken, wenn wir den Namen Lady Gaga hören.

Wichtig

- Bei einem Referat sind der Anfang und das Ende am wichtigsten. Sie bleiben den Zuhörern in Erinnerung.
- Suche dir dafür etwas aus, womit du deine Klassenkameraden und den Lehrer überraschen kannst.
- Ärgere dich nicht, wenn du einen Fehler machst, sondern konzentriere dich und mach einfach weiter.

DER ABLAUFPLAN EINES REFERATS

Auch wenn du nun weißt, dass der Anfang und das Ende eines Referats am wichtigsten sind, so fehlt noch der Rest. Wie läuft ein Referat ab? Wie sollte es aufgebaut sein? Das verrate ich dir jetzt.

Die Stunde fängt an. Dein Lehrer steht vorne und sagt, dass du heute mit deinem Referat dran bist. Danach setzt er sich an sein Pult und wartet. Jetzt machst du Folgendes: Du stehst auf und gehst nach vorn. Dort stellst du dich aufrecht hin und wartest. Hast du Bilder, eine Blockflöte oder Noten dabei, dann gehst du nach vorn, legst die Sachen ohne ein Wort zu sagen, ab und stellst dich dann aufrecht hin und wartest.

Ein gutes Referat beginnt mit einer Pause. Jetzt fragst du dich bestimmt, wie lange diese Pause sein soll. Im besten Fall 45 Minuten, dann musst du gar nichts mehr sagen ... Spaß beiseite, du machst so lange eine Pause, bis alle still sind. Häufig reden ja noch welche in der letzten Reihe oder irgendwo werden Schulbücher aus dem Rucksack gekramt. Dann sagst du nicht: »Jetzt seid mal leise, ich will anfangen.« Nein, du stehst ganz still da. Du schaust auch nicht böse, wenn noch jemand tuschelt. Du lächelst, schaust dich entspannt um und wartest, bis es ruhig ist. Irgendwann werden die Mitschüler, die bereits still sind, die anderen auffordern, doch auch endlich still zu sein. Die helfen dir also und zur Not wird dein Lehrer für Ruhe sorgen. Wenn alle still sind, dann fängst du mit deinem Referat an.

Die Pause machst du nicht nur, damit alle still sind, sondern auch, um Spannung aufzubauen. Deswegen machst du bitte auch dann eine Pause, wenn alle deine Mitschüler von Anfang an still sind. Zähle einfach innerlich bis zehn, bevor du zu sprechen beginnst.

Dein Anfang ist genau der Satz, den du dir ausgedacht hast. Bei den obigen Beispielen würde das bedeuten, dass du mit dem Gesang, dem Rappen, dem Blockflötenspiel oder dem Bild von dem *Ice-Age*-Eichhörnchen anfängst. Danach erklärst du, worum es in deinem Referat geht und was du den Mitschülern erzählen willst.

Du kannst eine Reihenfolge erstellen, indem du sagt, dass du ihnen erst einmal berichten wirst, wie du an das Thema herangegangen bist, was es Geschichtliches gibt, wie es heutzutage aussieht und was du daraus gelernt hast. Nach diesem Überblick beginnst du mit dem Mittelteil und zum Schluss kommt dann das ausgedachte Ende. In unserem Fall also wieder singen, rappen, Blockflöte spielen oder den Filmausschnitt von *Ice Age* zeigen.

Wenn du schließlich fertig bist, sagst du – nichts! Hier kommt wieder eine lange Pause. Du weißt ja inzwischen, dass der Anfang und das Ende besonders wichtig sind, und daher sollten diese beiden Teile auch von allen gehört und entsprechend ins Rampenlicht gerückt werden. Weißt du, was das Rampenlicht ist? Bei einer Bühne wird der vordere Teil, kurz bevor die Bühne aufhört, Rampe genannt. Und dieser Teil ist am besten ausgeleuchtet. Daher kann ein Sänger im hinteren Bereich nahezu ungesehen auf die Bühne kommen und dann nach vorne ins Licht treten, sodass alle Zuschauer ihn sehen.

In diesem Zusammenhang ist auch der Begriff Rampensau entstanden. Dabei handelt es sich um einen Sänger oder Schauspieler, der sich immer nur vorne auf der Bühne aufhält, damit er besser gesehen wird als seine Mitspieler oder Mitsänger. Das ist genau das Gleiche, wenn sich ein Schüler immer so lautstark meldet, dass kein anderer mehr wahrgenommen wird. Oder wenn sich jemand in einer Warteschlange vordrängelt. Diese Menschen spielen sich in den Vordergrund und sind deshalb Rampensäue. An der Rampe stehen ist schön. Den anderen das Licht wegzunehmen und nur egoistisch an sich zu denken, ist nicht schön und vor allem nicht nett.

Doch zurück zu dem Anfang und dem Ende deines Referats. Die sollen im Rampenlicht stehen. Damit meine ich, dass du erst eine Pause machst, damit alle still sind und den Anfang auch wirklich hören. Nach dem Ende machst du eine Pause, damit der letzte Satz, der Filmausschnitt oder das Rappen noch nachwirken können. Du stellst diese Überraschung am Anfang und am Ende also durch die Pausen in den Vordergrund, an die Rampe. Entsprechend sieht dein Ablaufplan so aus:

- Pause (innerlich bis 10 zählen, warten bis alle ruhig sind)
- Anfang (Zitat, vorlesen, Foto zeigen, vorspielen, rappen etc.)
- Vorstellung des Themas (Worum geht es in deinem Referat?)
- Überblick (In welcher Reihenfolge möchtest du was erzählen?)
- Mittelteil
- Ende (Zitat, vorlesen, Foto zeigen, vorspielen, rappen etc.)
- Pause (so lange, bis eine Reaktion kommt)

Den Aufbau eines Referats kann man auch schön mit einer Zugfahrt vergleichen. Stell dir mal keinen modernen ICE vor, sondern eine alte Dampflokomotive, wie bei den Geschichten von Jim Knopf. So eine Lokomotive steht erst im Bahnhof (das ist die Pause am Anfang). Dann fährt sie allmählich los. Erst sehr langsam, sodass man das langsame Schnaufen hören kann. Dann wird sie – und das Schnaufen – immer schneller.

So langsam solltest du auch mit dem Referat loslegen. Damit meine ich aber nicht, dass du reden sollst, als ob du gleich einschläfst, sondern dass du aus deinem Anfang eine Rampensau machst. Pack ihn ins Licht und lass ihn wirken. Dann kommt der Mittelteil. Der darf mal schneller und mal langsamer sein. Und auch hier gibt es Pausen. Das kennst du ebenfalls von der Zugfahrt. Mal fährt die Dampflokomotive schneller, mal etwas langsamer, weil die Schienen nicht so gut sind oder der Zug durch eine Stadt fährt. Und dann hält der Zug natürlich auch mal an und lässt in einem Bahnhof die Reisenden ein- und aussteigen. Ab und an tutet er sogar, das sind dann besonders wichtige Punkte, die du entsprechend betonst. So fährt die Dampflokomotive dahin, bis sie endlich am Ende ihrer Reise angekommen ist und langsam in den Bahnhof einfährt, wo sie bis zum nächsten Mal stehen bleibt.

Das Ende ist fast noch wichtiger als der Anfang. Denn beim Ende entscheidet sich, mit welchen Gedanken, mit welchem Bild deine Mitschüler und der Lehrer das Klasszimmer verlassen. Genauer gesagt entscheidest du das. Wenn du zum Beispiel ein Referat über ein trauriges Buch hältst und am Ende den traurigen Schluss dieses Buches vorliest, dann entscheidest du, dass die Mitschüler sehr nachdenklich und vielleicht auch etwas traurig das Klassenzimmer verlassen. Nach einem traurigen Film gehst du ja auch traurig aus dem Kino. War das Filmende hingegen lustig, kommst du lachend aus dem Kino. Und genauso, wie du das Kino verlässt, verlassen auch deine Mitschüler das Klassenzimmer. Nur entscheidet da nicht der Kinofilm über das Weinen oder Lachen, sondern du. Es ist dein Referat und es ist dein Ende.

Falls du den Filmausschnitt mit dem Eichhörnchen von *Ice Age* zeigst, dann gehen sie fröhlich aus dem Unterricht. Und auch wenn du zum Schluss eine Runde rappst, werden deine Mitschüler sicherlich über das ganze Gesicht grinsen. Dabei gilt: Je lauter sie lachen oder je trauriger sie sind, desto besser. Denn wenn du es schaffst, deine Zuhörer mit deinem Vortrag zu berühren, dann werden sie beeindruckt sein – von dir und von deinem Referat. Deswegen ist es wichtig, dass du bis zum Schluss voll bei der Sache bist. Ich habe es häufig erlebt, dass die Schüler den letzten Satz ihres Referats nur murmeln oder flüstern und sich danach sofort wieder auf ihren Platz setzen. Sie wollten überhaupt nicht abwarten, was der Lehrer dazu sagt. Mach das bitte nicht. Damit zerstörst du den guten Eindruck, den du vorher gemacht hast.

Und fang bitte nicht auf einmal an herumzuzappeln, wenn du fertig bist. Bleib so lange aufrecht vorne stehen, bis dein Vortrag wirklich beendet ist. Ich werde dir später noch Tipps verraten, wie es schaffst, ganz ruhig stehen zu bleiben. Falls du es sofort wissen möchtest, schlag das Kapitel »Rock das Klassenzimmer« auf und lies dir durch, was ich zum Känguruschwanz und zum Hulk geschrieben habe.

Am Ende ruhig zu bleiben und die Pause zu machen bedeutet auch, dass du erst wieder auf deinen Platz gehst, wenn die Lehrerin dich erlöst hat. Wenn du unbedingt möchtest, kannst du danach die Schultern wieder fallen lassen, aber nicht während des Referats.

Deine Lehrerin beendet das Referat übrigens entweder, indem sie dir für das Referat dankt – in diesem Fall kannst du nicken und wortlos zu deinem Platz gehen – oder indem sie deine Mitschüler auffordert, ein paar Fragen zu stellen. Dann bleibst du weiterhin ruhig und aufrecht vorne stehen und beantwortest alle Fragen. Wie du dabei ganz cool bleibst, verrate ich dir in den Kapiteln »Schlag dich mit Worten« und »Selbstsicher frei reden bei völliger Ahnungslosigkeit«. Dort geht es um Schlagfertigkeit und darum, wie du auch dann noch völlig überzeugend reden kannst, wenn du mal nicht weiterweißt.

Mir ist klar, dass es nicht leicht ist, dort vorne zu stehen und alle möglichen Fragen zu beantworten. Vielleicht würdest du gern die Schultern fallen lassen, dich verkriechen, herumzappeln oder auf deinen Platz starren. Aber ich bin sicher, dass du diese Spannung auch noch ein paar Minuten länger aushalten kannst: Sei stark, sei cool – bis zum Schluss! Wenn du damit Schwierigkeiten hast, mach dir keine Gedanken, du bist in guter Gesellschaft. Denn es fällt fast allen schwer, selbst Erwachsenen. Das liegt daran, dass wir alle kurz vor dem Ziel an Spannung verlieren. Die Körperspannung verlieren bedeutet, dass du nicht mehr aufrecht, sondern krumm dastehst. Wenn die Stimme an Spannung verliert, dann sprichst du auf einmal leise und nicht mehr laut. Wenn du generell an Spannung verlierst, kannst du dich nicht mehr so gut konzentrieren und vielleicht fällt dir ausgerechnet am Ende nicht mehr ein, was du sagen wolltest. Und du bist auch nicht mehr sonderlich geduldig. Das kennst du von

Weihnachten. Ein paar Wochen vorher klappt das mit dem Warten noch ganz gut, aber dann, zehn Minuten vor der Bescherung, wirst du ganz hibbelig. Mit anderen Worten: Kurz vorm Ziel kannst du nicht mehr so ruhig und entspannt sein, wie du es ein paar Tage vorher noch warst. Überleg dir doch mal, wie wohl eine Michelle Rodríguez, ein Paul Walker oder ein Vin Diesel reagieren würde, wenn es in zehn Minuten Bescherung gibt. Würden die herumzappeln? Würden die mit hysterisch hoher Stimme fordern, dass nun endlich die Bescherung anfangen soll? Wohl kaum. Ich finde es sehr süß, wenn ihr euch kurz vor der Bescherung so freut und die Geduld verliert. Da ist das okay und auch erwünscht. Dann seid ihr bei euren Eltern und die freuen sich umso mehr, je zappeliger ihr werdet. Bei einem Referat ist das etwas anderes. Da wäre es schon cool, wenn du am Ende so entspannt dastehen würdest wie Paul Walker, Vin Diesel oder Michelle Rodríguez. Falls du die Schauspieler nicht kennst: Das sind Action-Helden aus dem Kino. Du kannst dir aber auch jeden anderen Action-Held vorstellen, der dir einfällt.

Die nachlassende Spannung kurz vorm Ziel kennst du übrigens auch vom Sportunterricht. Und zwar vom 100-Meter-Lauf. Deswegen zieht dein Sportlehrer zehn Meter hinter der Ziellinie eine weitere Linie. Und er sagt euch, dass ihr bis zur hinteren Linie durchlaufen sollt. So werdet ihr vor dem eigentlichen Ziel nicht langsamer, sondern rennt voller Schwung darüber, weil ihr euch auf die zweite Linie konzentriert.

Wenn du deine Mitschüler während ihres Vortrags beobachtest, wirst du merken, dass die meisten den Anfang und den Mittelteil noch ganz gut hinbekommen, dann aber immer schneller und leiser werden und sich zum Schluss möglichst rasch wieder auf ihren Platz setzen wollen. Das ist nicht schlau. Denn du bekommst eine viel bessere Note, wenn du die Spannung bis zum Schluss aufrechterhältst. Merk dir einfach, dass es passieren kann, dass die Spannung nachlässt, und konzentriere dich darauf, am Ende weder schneller noch leiser zu werden. Und bleib weiterhin aufrecht stehen.

Wichtig

- **Der Aufbau eines Referats besteht aus Pause, Anfang, Mittelteil, Ende und wieder Pause.**
- **Das Ende ist noch wichtiger als der Anfang.**
- **Verliere am Ende nicht die Körperspannung.**

ZWEI BEISPIELREFERATE

Damit du ein besseres Gefühl für den Ablauf eines Referats bekommst, gebe ich dir zwei komplette Beispiele. Du findest sie hier als Text,

du kannst sie dir aber auch auf der CD anhören (Kapitel 7 und 8).
Die beiden Vorträge dauern jeweils nur einige Minuten, aber ein Referat länger zu machen ist kein Problem – halte dich diesbezüglich an die Vorgabe deiner Lehrerin. Wichtig ist mir, dass du den Ablauf verstehst. Denn im Mittelteil kannst du natürlich einfach mehr erzählen.

EIN REFERAT ZUM THEMA »LEGO«

Falls du als Thema »LEGO-Steine« bekommst, dann könnte dein Referat folgendermaßen aussehen:

- **Pause:** Zähl innerlich bis 10 oder warte, bis alle leise sind.

- **Anfang:** »Ich rede heute über ein Spielzeug, das schon zwei Mal zum Spielzeug des Jahrhunderts gewählt wurde. Die Mädchen denken jetzt vielleicht an die Barbiepuppe, aber das ist falsch. Das Spielzeug, das ich meine, ist sowohl für Jungs als auch für Mädchen – was man von der Barbiepuppe nicht unbedingt behaupten kann. Das zweimalige Spielzeug des Jahrhunderts heißt LEGO.«

- **Vorstellung des Themas:** »Ich habe von Frau Hansen die Aufgabe bekommen, über LEGO-Bausteine zu sprechen. Und zwar soll ich länger als fünf Minuten, aber keine sieben Minuten reden.«

- **Überblick:** Ich habe vier Hauptpunkte. Ich erzähle euch erstens, seit wann es LEGO gibt und wer es erfunden hat. Zweitens berichte ich darüber, was es alles von LEGO gibt. Drittens erfahrt ihr etwas über das Legoland und viertens erzähle ich euch, was ich persönlich von LEGO halte.«

- **Mittelteil:** »Lego kommt ursprünglich aus Dänemark. Das Land liegt nördlich von Deutschland und ihr habt vielleicht schon mal mit euren Eltern dort Urlaub gemacht. In Dänemark hat Ole Kirk Kristiansen 1932 LEGO erfunden. Zuerst waren es allerdings nur Holzklötze, denn Herr Kristiansen war Tischler und arbeitete mit Holz. Und am Anfang hießen die Steine auch noch nicht LEGO. Herr Kristiansen und sein Sohn Godtfred überlegten sehr lange, wie sie die Steine wohl nennen könnten, aber sie hatten keine Idee. Dann hat der Vater gesagt, dass er demjenigen eine ganze Flasche Brombeerwein schenkt, dem ein guter Name einfällt. Die Flasche Brombeerwein konnte er allerdings behalten, denn auf einmal fiel ihm selbst ein toller Name ein. Er nahm die dänischen Worte »leg godt«. Und das bedeutet »Spiel gut«. Aus den ersten Buchstaben von leg godt wurde dann LEGO. 1949 wurden die LEGO-Bausteine dann aus Plastik hergestellt, so wie wir sie heute kennen. Vater und Sohn waren damit so erfolgreich, dass sie ein Patent angemeldet haben. Wenn man ein Patent angemeldet hat, dann kann einem niemand mehr die Idee klauen. Stellt euch vor, ich würde Beine für den Rucksack erfinden und der könnte auf einmal mit den Schulbüchern allein laufen. Dann würde ich ein Patent anmelden und jeder, der dann so einen Rucksack bauen will, muss mir für diese Idee Geld zahlen. So haben die das auch mit LEGO gemacht. Am 28. Januar 1958 bekamen sie das

Patent und deswegen wird der 28. Januar als Geburtstag von LEGO gefeiert. Mit den LEGO-Steinen spielen Kinder aber nicht einfach nur. Sie überlegen sich, wie sie aus den kleinen Steinen ein großes Haus, eine Brücke oder ein Auto bauen können. Dazu gehört viel Fantasie und Neugierde und dadurch lernen die Kinder. Sie lernen, etwas Neues auszuprobieren sowie sich etwas vorzustellen und es umzusetzen. Deshalb verschenken Eltern LEGO-Bausteine so gern. Mein Vater ist Bauingenier. Er plant Hochhäuser und baut sie auch. Er hat gesagt, dass er damals so viel Spaß mit den LEGO-Steinen hatte, dass er da schon wusste, dass er mal große Häuser bauen möchte, die nicht umfallen. Von LEGO gibt es ganz große Steine, mit denen kleine Kinder spielen können. Es gibt aber auch ganz komplizierte Roboter, die man bauen kann und die dann hinterher sogar laufen können. Ich habe übrigens gerade ein Jedi-Shuttle aus der Serie *Star Wars* gebaut. Und wo wir schon beim Thema *Star Wars* sind. Im LEGOLAND Deutschland gibt es seit Juni diesen Jahres einen eigenen *Star-Wars*-Bereich. Dort sind alle Figuren aus den Filmen nachgebaut. Natürlich gibt es dort auch das Jedi-Shuttle, das ich gerade schon erwähnt habe. Manche der LEGO-Figuren sind größer als ich. Ich hätte dort Stunden zubringen können, aber meine Eltern wollten sich auch den Rest ansehen. Und das ist viel, denn das LEGOLAND Deutschland ist so groß wie 26 Fußballfelder. Da haben sie auch richtige Städte mit LEGO-Steinen nachgebaut. Und auf Knopfdruck bewegen sich ein paar Schiffe und Flugzeuge. LEGOLAND gibt es aber nicht nur in Deutschland, sondern natürlich auch dort, wo der Erfinder von LEGO herkommt, in Dänemark. Und zwar in einem Städtchen namens Billund. Ein weiterer Freizeitpark befindet sich in England und in den USA sogar zwei. Weil die USA so groß sind, gibt es ein Legoland in Kalifornien und eines in Florida, wobei das Legoland in Florida noch nicht fertig ist. Da darf man erst im Oktober diesen Jahres zum ersten Mal rein. Ich finde LEGO klasse. Es gibt so vieles, womit man spielen kann, und so vieles, was man bauen kann. Es gibt die Piratenwelt, normale Städte und Krankenhäuser, Polizisten und natürlich *Star Wars* und vieles andere mehr. Manche Sachen sind so kompliziert, dass selbst mein Vater sie nicht sofort zusammenbauen kann.«

Ende: »LEGO ist ein Spielzeug. Aber LEGO ist nicht nur ein Spielzeug für Kinder, wie es die Barbiepuppe ist. Oder habt ihr schon mal gesehen, dass eure Mutter noch mit einer Barbiepuppe spielt? Wahrscheinlich nicht. Aber meine Mutter bastelt noch mit LEGO und mein Vater auch. Es ist ein Spielzeug für alle, und da wir ganz viel dabei lernen, ist es sogar mehr als ein Spielzeug. Ich sag nur: LEGO – spiel gut! Es ist zu Recht das Spielzeug des Jahrhunderts.«

Pause: Zähl innerlich bis 10 und warte, bis deine Lehrerin dir sagt, dass du dich setzen darfst.

Natürlich kannst du auch hier anders anfangen und aufhören. Falls du zu Hause LEGO hast, dann bring doch einen Stein mit. Halte ihn zu Beginn deines Referats hoch und erzähle, dass aus diesem kleinen Stein das viertgrößte Spielwarenunternehmen der Welt wurde. Dann kommt dein Mittelteil und am Ende hältst du dann dein selbst gebautes Jedi-Shuttle hoch oder was immer du gebaut hast.

EIN REFERAT ZUM THEMA »WAS ICH EINMAL WERDEN WILL«

Vielleicht bekommst du aber auch das Thema »Was ich einmal werden will«. Das könnte dann so ablaufen:

- **Pause:** Zähl innerlich bis 10 oder warte, bis alle leise sind.
- **Anfang:** »*Aparecium*! *Aparecium*! *Aparecium*!«
- **Vorstellung des Themas:** »Frau Hansen hat gesagt, dass ich ungefähr drei Minuten darüber reden darf, was ich mal werden will.«
- **Überblick:** »Ich werde euch verraten, wie ich an das Thema herangegangen bin, und ich erzähle euch von den Berufen, die ich mir vorstellen könnte. Danach erfahrt ihr, was ich aktuell werden möchte und warum.«
- **Mittelteil:** »*Aparecium* ist ein Zauberspruch von Harry Potter, der dafür sorgt, dass Unsichtbares sichtbar wird. Leider kann ich nicht so zaubern wie Harry. Dabei wäre es total cool, eine Zauberin zu sein. Das wäre ich schon gern. Meine Mutter meint aber, dass ich zu ungeduldig bin, deswegen ist das nichts für mich. Somit kann ich also weder Zauberin werden noch kann ich meine unsichtbare Zukunft sichtbar machen. Sehr schade. Ich bin dann mal ins Internet gegangen und habe gegoogelt, was es alles für Berufe gibt, die spannend klingen. Karussellbremserin finde ich nicht so spannend, mal ganz abgesehen davon, dass mir die Kraft dazu fehlt.

Wundertütenpackerin ist sicherlich ein paar Wochen ganz lustig, aber danach kenne ich dann alle Spiele und Süßigkeiten, die in so eine Wundertüte kommen, und es wird langweilig. Melonenentkernerin finde ich auch super, weil ich so gern Melone esse. Ich habe mich aber gefragt, ob ich als Melonenentkernerin die Melonen dann auch essen darf. Wahrscheinlich nicht, also ist das ebenfalls nichts. Als Nächstes habe ich meinen Vater gefragt und der meinte, ich solle doch etwas mit Tieren machen, weil ich die so gern mag. Darüber habe ich dann länger nachgedacht. In einem Tierheim war ich schon mal. Da habe ich Hunde ausgeführt. Und da gibt es Pfleger, die die ganzen Boxen und Ställe sauber machen und die Tiere füttern. Mir macht aber nur das Spazierengehen mit den Hunden Spaß. Ich mag nicht so viel sauber machen. Und ich könnte es nicht ertragen, wenn dann ein Lieblingshund von mir abgeholt wird und ich ihn nicht mehr wiedersehe. Deswegen ist vielleicht Tierärztin besser. Dafür muss ich aber noch sehr lange in die Schule gehen und später studieren. Da bin ich schon ziemlich alt, wenn ich fertig bin. Ich weiß nicht, ob ich so lange zur Schule gehen will. Ich könnte ja auch Hunde züchten, zum Beispiel Labradors, Golden Retriever oder Boxer. Oder eine Mischung aus allen dreien. Aber wenn ich mir dann vorstelle, dass ich die süßen Welpen verkaufen muss, dann fange ich jetzt schon an zu weinen. Mama hat gesagt, dass ich doch gern reise. Und das stimmt, Reisen finde ich prima. Ich war schon in Spanien, in Dänemark, in der Schweiz und in Österreich. Ich habe also überlegt, ob ich Reiseverkehrskauffrau werden möchte, aber dann habe ich mich erinnert, wie es war, als wir die Reise nach Mallorca gebucht haben. Als

Mama und ich im Reisebüro waren, da hat die Verkäuferin gesagt, dass sie selbst noch nie dort war und die Insel nur vom Prospekt kennt. Dann darf die vielleicht doch nicht so viel reisen? Dann wäre der Beruf nichts für mich. Ich will draußen sein und nicht nur im Büro sitzen. Ich habe wirklich lange nachgedacht und mir auch überlegt, welche Fächer ich in der Schule am liebsten mag. Mir ist aber noch nichts eingefallen. Und deswegen habe ich beschlossen, dass ich erst einmal weiter lerne. Irgendwann werde ich dann bestimmt wissen, was ich werden will. Ich weiß zwar noch nicht, ob ich so lange zur Schule gehen will, dass ich Tierärztin werden kann, aber auf alle Fälle werde ich erst einmal weitermachen und mir Zeit lassen.«

Ende: »Und bis dahin kann ich ja noch ein paar Zaubersprüche üben: *Densaugeo*! *Densaugeo*! Schade, hat nicht funktioniert!«

Nur als kleine Info für dich: Man kann die Größe der Zähne einer Person mit dem Densaugeo-Fluch (lat. dens = Zahn, augeo = ich lasse wachsen) verändern: Die Schneidezähne der verfluchten Person werden länger und länger, wenn man den Zauberstab auf die Person richtet und »Densaugeo« spricht.

Diese Information behältst du schön für dich und verrätst erst, was es bedeutet, wenn deine Lehrerin oder deine Mitschüler dich fragen. Wenn sie nicht fragen, werden sie es vielleicht zu Hause googeln.

HILFSMITTEL BEIM REFERAT

Jetzt wollen wir uns mal überlegen, welche Hilfsmittel du für das Referat nehmen kannst. Das Wort drückt schon gut aus, worum es sich dabei handelt: Hilfs-Mittel sind alles, was dir bei deinem Referat hilft. Natürlich darfst du die aber nur dann einsetzen, wenn es dein Lehrer erlaubt. Und dass er erlaubt, dass du deine Mutter mitbringst, damit sie das Referat für dich hält, ist unwahrscheinlich.

Aber mal im Ernst: Hilft es dir, wenn du einen CD-Spieler mitbringen darfst, um passende Musik vorzuspielen? Dann frag deine Lehrerin, ob das okay ist. Wäre es gut, wenn du einen Filmausschnitt zeigen könntest? Dann bitte die Lehrerin um einen Beamer ... Was könnte dir noch dabei helfen, ein gutes Referat zu halten und sowohl deine Lehrerin als auch deine Klassenkameraden zu überraschen?

Eine Tafel ist oftmals ganz nützlich. Praktischerweise ist die schon da und du musst sie nicht mitbringen. Die Tafel kannst du super nutzen, um etwas darauf zu schreiben oder zu malen. Sie kann dir aber auch als Halterung für ein Bild dienen, das du zu Hause gemalt oder ausgedruckt hast. Stell es am besten dorthin, wo normalerweise die Kreide abgelegt wird.

Vielleicht habt ihr in eurem Klassenzimmer zudem ein Flip-Chart stehen. Dann könntest du das Zitat »Ich habe fertig« darauf schreiben oder ein Bild von einem Eichhörnchen darauf malen. Du könntest aber auch ein Foto ans Flip-Chart kleben, auf dem nur Sand zu sehen ist, und sagen, dass die Wanderdüne leider weitergewandert ist, als du sie gerade fotografieren wolltest.

Bleiben wir noch einen Moment bei dem Beispiel mit der Wanderdüne. Du könntest für jeden Klassenkameraden eine kleine Plastiktüte mit Sand füllen und diese verteilen. Oder du bringst Bücher mit, in denen schöne Wanderdünen zu sehen sind, und lässt sie herumgehen, während du deinen Vortrag hältst. Auch hier sind deiner Fantasie keine Grenzen gesetzt.

Dabei kann es natürlich passieren, dass deine Klassenkameraden anfangen zu lachen, zum Beispiel wenn du den Sand in den Tüten verteilst. Lass dich dadurch nicht irritieren. Sie lachen dich nicht aus, sondern lachen, weil sie es nicht verstehen oder neidisch sind. Immerhin ist dir etwas Tolles eingefallen und ihnen nicht. Manche Mitschüler bringen auch einen blöden Spruch, nur um etwas Lustiges zu sagen. Die fühlen sich stärker und größer, wenn sie so einen Blödsinn machen. Was ich damit sagen will: Es hat nichts mit dir und nichts mit der Idee zu tun. Ist die Idee gut, wird sie – über kurz oder lang – alle anderen überzeugen. Wie du schlagfertig auf blöde Zwischenrufe reagieren kannst, verrate ich dir ab Seite 135.

Was aber auf alle Fälle gut ankommt, ist, wenn du deine Stichworte (oder auch Zitate) auf Karteikarten schreibst. Das sind kleine bis mittelgroße Karten, die deutlich dicker sind als das DIN-A4-Papier, auf dem du normalerweise schreibst. Im Fernsehen siehst du ganz viele Moderatoren, die solche Karten in der Hand haben. Hinten klebt dann immer das Logo des Senders drauf (RTL, Sat1, ARD, ZDF, Pro7 etc.) und vielleicht auch noch der Name der Sendung. Solche »Moderationskarten« kannst du dir prima selber basteln. Dazu lässt du dir am besten einen Stapel weiße Karteikarten mit Linien von deinen Eltern besorgen. Die gibt es in jedem Schreibwarengeschäft und in jedem größeren Supermarkt. Bitte frage deinen Lehrer aber vorher, ob du bei deinem Referat Notizen verwenden darfst.

Dann überlegst du dir, wie viele Karteikarten du für deine Notizen brauchst, und schreibst die jeweilige Nummer groß in die linke obere Ecke. Achte darauf, dass die Nummern so groß sind, dass du die Reihenfolge sofort wieder hinbekommst, wenn dir die Karten vor lauter Aufregung mal runterfallen. Anschließend malst du auf die Rückseite das Thema – ein Eichhörnchen, eine Wanderdüne, Giovanni Trapattoni, eine Blockflöte, was auch immer. Wenn du magst, kannst du auch ein Foto von Giovanni Trapattoni ausdrucken, es auf die Rückseiten der Karten kleben und den Namen daneben schreiben. Oder du klebst ein Bild von einer Wanderdüne beziehungsweise dem Eichhörnchen aus dem Film *Ice Age* darauf oder, oder, oder ...

Die Rückseite sieht also immer gleich auch – genauso, wie du es vom Fernsehen her kennst. Auf die Vorderseite schreibst du jetzt deine Notizen, also ein paar Stichwörter, einen kleinen Ablaufplan und die Stellen, an denen du Pausen machen möchtest. Damit meine ich zum Beispiel die Pause am Anfang und am Ende. Schreib dir ruhig das Wort »Pause« auf, damit du sie nicht vergisst. Und natürlich auch das, was du am Anfang und am Ende sagen möchtest. Notiere aber bitte keine ganzen Sätze, denn du solltest ja frei sprechen und nichts ablesen. Bei dem Beispiel »LEGO« könntest du Folgendes auf die erste Karteikarte schreiben:

- Pause
- Spielzeug des Jahrhunderts
- Mädchen und Jungs
- Pause

Auf die zweite Karte schreibst du dann den Überblick:

- Erfindung
- Spiele
- Legoland
- Ich

Die dritte Karteikarte beschriftest du mit:

- Dänemark
- Ole Kirk Kristiansen
- 1932: Holz
- Sohn: Godtfred
- 1949: Kunststoff
- »leg godt«
- Geburtstag: 28. Januar 1958

Auf die vierte Karte könntest du schreiben:

- Spielen und Lernen
- Bauingenieur
- Roboter
- Star Wars

Auf der fünften Karte stehen diese Stichwörter:

- Legoland
- Star Wars
- 26 Fußballfelder
- Deutschland, Billund, England, Kalifornien, Florida

Und auf die sechste Karteikarte kommt schließlich:

- Piratenwelt, Städte, Krankenhäuser
- Pause
- Besser als Barbiepuppe
- Zu Recht Spielzeug des Jahrhunderts
- LEGO – spiel gut!
- Pause

Bei dem Referat über das Thema »Was ich einmal werden will« könntest du die Karteikarten folgendermaßen füllen:

Auf die erste Karteikarte schreibst du:

- Pause
- Aparecium
- Pause

Auf die zweite Karte kommt:

- Vorgaben von Frau Hansen
- Überblick

Nun die dritte Karteikarte:

- Internet: Karussellbremserin, Wundertütenpackerin, Melonenentkernerin
- Papa: Tierpflegerin, Tierärztin, Hundezüchterin
- Mama: Reiseverkehrskauffrau

Auf der vierten Karte notierst du:

- Keine Ahnung
- Pause

- Densaugeo!
- Pause

Bitte verwende wirklich Karteikarten und keine DIN-A4-Zettel, weil du Karteikasten viel besser umblättern kannst (die DIN-A4-Zettel sind zu groß und zu dünn). Deswegen haben die Moderatoren im Fernsehen (wie Günther Jauch) auch nicht die großen Blätter in der Hand, sondern die kleinen Karteikarten.

Wichtig

- **Du kannst alles mit nach vorn nehmen, was dir bei deinem Referat hilft: Bilder, Bücher, Fotos ...**
- **Verwende als Gedächtnisstütze kleine Karteikarten, auf denen du dir die wichtigsten Punkte notierst.**
- **Am besten eignen sich dafür weiße Karteikarten mit Linien, deren Rückseite du je nach Thema gestaltest.**

LAMPENFIEBER, BLACKOUT UND PRÜFUNGSANGST – DAS MUSS NICHT SEIN

Dir schlottern während eines Referats oder wenn du an der Tafel stehst die Knie? Du kannst vor einer Klassenarbeit nicht schlafen? Du hast in Stresssituationen regelmäßig Aussetzer? Dann lies dir dieses Kapitel besonders aufmerksam durch. Gegen Lampenfieber, Prüfungsangst und Blackouts kannst du nämlich etwas tun.

SAG »TSCHÜSS« ZUM LAMPENFIEBER

Das mit dem Lampenfieber ist total nervig. Vor allem wenn du spürst, wie deine Beine weich werden und die Hände anfangen zu zittern. Mach dir deswegen aber keine Sorgen mehr. Ich werde dir erklären, woher das Lampenfieber kommt. Und wenn du das verstanden hast, kannst du es ganz leicht in den Griff bekommen.

Das Lampenfieber hängt häufig mit der Atmung zusammen, und zwar folgendermaßen: Wenn du eine Aufgabe bekommst, dann atmest du automatisch ein, bevor du damit beginnst. Eine solche Aufgabe kann beispielsweise sein, dass du dich woanders hinsetzen sollst. Du könntest aber auch die

Aufgabe bekommen, ein bestimmtes Schulbuch aus dem Rucksack zu holen. Eine weitere Aufgabe wäre, wenn du zum Schulleiter geschickt wirst oder die Lehrerin dich an die Tafel bittet, damit du dort eine Matheaufgabe vorrechnest. Und vor jeder dieser Aufgaben atmest du ein. Normalerweise ist das kein Problem. Sollst du ein Schulbuch hervorholen, atmest du ein, greifst in den Rucksack, kramst das Buch heraus und legst es auf den Tisch.

Sagt dein Lehrer dir allerdings, dass du in zehn Minuten ein Referat darüber halten sollst, wie schön deine Sommerferien waren, dann atmest du nicht nur einmal ein, sondern in diesen zehn Minuten ganz oft. Und du atmest die ganze Zeit mehr ein als aus. Das macht deinen Körper ganz kribbelig. Irgendwann fängt er dann an zu zittern. Deine Stimme beginnt zu zittern, deine Hände, deine Beine, alles zittert.

Damit du verstehst, was ich meine, solltest du das vielleicht einfach einmal ausprobieren. Egal ob du sitzt oder stehst, atme jetzt ganz tief ein, so wie du atmest, bevor du im Schwimmbecken untertauchst. Dann atmest du nur kurz wieder aus und sofort wieder ganz lange ein. Dann wieder kurz ausatmen und ganz lange einatmen. Wenn du das drei oder vier Mal gemacht hast, sollte sich dein Körper schon komisch anfühlen. Sobald das der Fall ist, hörst du bitte auf. Wenn du diese Übung zu lange machst, kannst du bewusstlos werden und das ist dann gar nicht mehr lustig.

So unwohl, wie sich dein Körper jetzt fühlt, so unwohl fühlst du dich, wenn du vor der Klasse stehst und dein Referat halten sollst. Also überlegen wir mal, was du dagegen tun

könntest. Du hast also mehr eingeatmet als ausgeatmet. Kommst du drauf? Richtig! Du atmest so lange es geht aus. Das ist das einfachste Mittel gegen Lampenfieber. Atme am besten auf »F« oder auf »SCH« aus. Dabei gibst du dann entweder ein Pfeif- oder ein Zischgeräusch von dir. Das wird dir dabei helfen, so lange es geht auszuatmen. Wir üben das am besten mal gemeinsam.
Hol die CD raus und hör dir Kapitel 9 an.

Du merkst, wie leicht das geht, und genauso kannst du ab sofort dein Lampenfieber in den Griff bekommen. Sobald du merkst, dass dein Körper sich zittrig anfühlt, atme nach diesem Prinzip aus. Sobald du merkst, dass du Angst hast, atme aus. Merkst du, dass du auf einmal einen Blackout hast, dann atme aus.

Sobald du dich wieder ruhig fühlst, kannst du dich auf dein Referat, auf das Vorstellungsgespräch, die Prüfung oder dein Gespräch mit dem Lehrer konzentrieren, in dem du ihm erklären möchtest, warum deine Note nicht gerecht ist.

Es klingt sehr einfach und das ist auch einfach. Lampenfieber entsteht, weil du zu viel einatmest. Konzentriere dich also auf die Ausatmung. Das ist der beste Trick gegen Lampenfieber. Wenn du schon im Klassenzimmer sitzt, kannst du natürlich nicht ganz so laut ausatmen. Das musst du aber auch gar nicht. Du kannst es ganz leise machen, entweder durch den Mund oder durch die Nase. Hauptsache, du atmest so lange es geht aus, nur kurz ein und dann wieder so lange es geht aus. Nach drei oder vier Wiederholungen bist du wieder ruhig. Merkst du, dass das Lampenfieber wiederkommt, dann atme einfach wieder so lange es geht aus.

Wenn du für ein Referat vor der Klasse stehst, kannst du die erste Pause dazu nutzen, so lange wie möglich auszuatmen. Das kannst du dir auch auf deine erste Karteikarte schreiben: Ausatmen! Pause! Und danach kommt dann erst der Anfang. Wenn du leise ausatmest, bekommt niemand mit, was du da machst. Und wenn du allein bist, zum Beispiel kurz bevor du das Klassenzimmer oder das Zimmer des Direktors betrittst, dann kannst du ohnehin laut auf »F« oder auf »SCH« ausatmen.

Das wird dir immer dann helfen, wenn du aufgeregt bist. Also auch dann, wenn du nach dem Referat noch vorne stehen musst und nicht weißt, was du auf die vielen Fragen antworten sollst. Oder bevor du dich meldest. Oder wenn du im Schulhof etwas zu einem älteren Schüler sagen möchtest. Oder wenn du dich über blöde Sprüche von anderen nicht aufregen möchtest.

DIE MEERESRAUSCHEN-AUSATMUNG

Ich zeige dir noch einen kleinen Trick, wie du das lautlose Ausatmen genauso gut hinbekommst wie das laute auf »F« oder »SCH«. Ich nenne es die Meeresrauschen-Ausatmung und die geht folgendermaßen: Stell dir Darth Vader vor. Falls du kein *Star-Wars*-Fan bist, dann frag deinen Vater, ob er dir das typische Atemgeräusch von Darth Vader vormachen kann. Er wird wahrscheinlich seine Hände vor den Mund halten und laut dagegenatmen, sowohl ein als auch aus. Und dann sagt er wahrscheinlich: »Luke, ich bin dein Vater.« Das klingt sehr lustig.

Nun mach es ihm einfach nach. Atme mit offenem Mund hörbar gegen deine Hände, die du vor deinen Mund hältst. So kannst du natürlich nicht vor der Klasse ausatmen. Die werden sich sonst alle fragen, ob du dich in Darth Vader verwandelt hast. Aber das ist ja auch nur der erste Schritt. Jetzt schließe mal den Mund und versuche trotzdem, dieses Darth-Vader-Ausatemgeräusch zu machen. Das sollte nur noch ganz leise zu hören sein, wenn du durch die Nase ausatmest. Probiere es mal: Mund zu, durch die Nase ausatmen, Darth-Vader-Geräusch erzeugen.

Das klingt dann wie ein Meeresrauschen und daher kommt auch der Name der Übung. Durch dieses Meeresrauschen-Ausatmen kannst du wieder sehr lange ausatmen und wirst schnell ruhig. Und wenn du es ein bisschen übst und immer wieder versuchst, es so leise wir möglich hinzubekommen, dann wird das Meeresrauschen irgendwann niemand mehr hören. Nur du wirst es leise hören und auch spüren. Lass es uns gleich noch einmal zusammen machen.
Leg die CD ein und höre dir Kapitel 10 an.

Hast du mitgemacht? Super. Bei mir hast du den Meeresrauschen-Atmen am Ende nur noch gehört, weil ich das Mikrofon direkt vor meiner Nase habe. Wenn aber deine Eltern es nicht mehr hören, wenn sie vor dir stehen, dann werden es auch deine Mitschüler nicht hören, wenn du vor der Klasse stehst.

SUCH DIR EINEN BESCHÜTZER

Gegen Lampenfieber hilft auch, wenn du dir vorstellst, dass du Sido oder Bushido mit einer ganzen Hip-Hop- oder

Rapper-Gang hinter dir hast, die dich beschützen. Stell dir vor, dass die immer hinter dir stehen, und wenn du nach vorne zur Tafel gehst, folgen sie dir. Stehst du vor der Klasse, dann stehen sie zwischen dir und der Tafel. Und wenn du dann einen Satz sagst, dann sagt Sido hinter dir: »Echt krass, Alter!« Und jeder, der einen blöden Spruch bringt, wird von Bushido böse angeschaut. Deine Beschützer bleiben bei dir, solange du da vorne stehst. Gehst du schließlich wieder zurück auf deinen Platz, gehen sie wieder hinter dir her. Setzt du dich hin, nehmen sie in deinem Rücken Aufstellung.

Falls du lieber Gesang magst und keinen Rap, dann kannst du dir auch einen Gospelchor vorstellen. Der ist auch immer bei dir. Wenn du aufstehst, dann gehen sie hinter dir her nach vorne und stellen sich hinter dich. Wenn du dann nach einem oder zwei Sätzen eine Pause machst, fangen sie an, »Halleluja« zu singen und zu tanzen. Sobald du aber wieder sprichst, sind sie still. Erst wenn du eine Pause machst, singen sie wieder »Halleluja«. Dieser Gospelchor oder die Rappergruppe um Sido oder Bushido geben dir Sicherheit. Und da du dir das nur vorstellst und niemandem davon erzählst, wird es auch keiner mitbekommen. Es geht nur darum, dass du dich dadurch sicherer fühlst und cooler rüberkommst.

WAS KANN IM SCHLIMMSTEN FALL PASSIEREN?

Ein weiterer guter Trick gegen Lampenfieber besteht darin, dir bei der Vorbereitung deines Referats genau vorzustellen, was alles schiefgehen kann. In deiner Vorstellung sitzt du zum Beispiel auf deinem Platz, der Lehrer sagt, dass du nun nach vorne kommen sollst, und deine Beine bewegen sich nicht. Die wollen einfach nicht mehr, sie bewegen sich kein Stück. Stell dir nun vor, wie alle anfangen zu lachen und wie dein Lehrer wahrscheinlich erst wütend wird und dann Mitleid bekommt, wenn du ihm sagst, dass du nicht aufstehen kannst. Das ist kein schönes Gefühl.

Und weiter gehts: Auf dem Weg nach vorne stolperst du über einen Rucksack und fällst hin. Was passiert? Wieder das Gleiche: Die Klasse lacht und dein Lehrer schaut dich mitleidig an. Wieder nicht schön. Inzwischen stehst du zwar vorne, aber dir fällt nicht ein, was du sagen wolltest. Die Worte wollen dir einfach nicht einfallen. Alles weg. Dein Kopf ist leer. Was passiert? Dein Lehrer wird erst etwas ärgerlich, dann bekommt er Mitleid mit dir und die Klassenkameraden kichern und grinsen breit.

Jetzt fragst du dich bestimmt, warum es schlau ist, sich das alles vorzustellen. Ich verrate es dir. Wenn du Angst hast, dann ist es wichtig, genau zu wissen, wovor. Einfach nur Angst vor ... Ja, wovor eigentlich? Wenn dich deine Mutter fragt, wovor du Angst hast, dann sagst du bestimmt: »Keine Ahnung.« Mit »keine Ahnung« kommst du aber nicht weiter. Und »Angst vorm Referat« sagt auch nicht genau, wovor du Angst hast. Hast du Angst davor, dass du nicht aufstehen kannst? Hast du Angst davor, dass du stolperst und hinfällst? Hast du Angst davor, dass du den Text vergisst? Hast du Angst vor einer schlechten Note? Erst wenn du wirklich weißt, wovor du Angst hast, kannst du dich dieser Angst stellen.

Du hast doch bestimmt schon mal einen *Harry-Potter*-Film gesehen. Stell dir vor, da lauert auf einmal etwas Unheimliches im Dunkeln auf Harry. Leider kann er nicht sehen, was dort im Dunkeln wartet. Und du kannst es auch nicht genau sehen. Wenn ihr beide nicht wisst, was dort auf euch lauert, habt ihr Angst. Harry im Film und du in deinem Kinositz. Sobald ihr aber beide wisst, welches Ungeheuer sich dort versteckt, ist es nur halb so schlimm. Dann weiß Harry nämlich, gegen wen er kämpft, und kann entscheiden, welchen Zauberspruch er am besten wählt.

Sieh dir also genau an, wovor du Angst hast und was der Grund für das Lampenfieber ist. Und dann stellst du dir vor, was bei dem Referat alles schiefgehen kann und wie du es erlebst. Stell dir vor, wie die anderen reagieren und wie es sich anfühlt. Sicherlich nicht toll. Aber es ist auch nichts, wovor man Angst haben muss. Die Klassenkameraden lachen doch häufig, sicherlich auch mal über dich. Aber das ist kein Weltuntergang. Und wenn du weißt, wovor du Angst hast, dann kannst du vorher schon versuchen, etwas dagegen zu tun – wie Harry Potter. Du hast Angst, dass du deinen Text vergisst? Dann schreib dir Karteikarten und notiere auch das mit der Ausatmung. Du hast Angst vor einer schlechten Note? Dann übe vorher ordentlich und bereite das Referat mit einem schönen, überraschenden Anfang und Ende vor. Das ist der erste Vorteil, wenn man seine Angst kennt. Du kannst vorab nach Lösungen suchen.

Der zweite Vorteil ist, dass die Wirklichkeit gar nicht so schlimm ist wie all das, was du dir Schreckliches ausgemalt hast. Wahrscheinlich läuft es so ab: Dein Lehrer sagt, dass du nach vorne kommen sollst. Du probierst aufzustehen und es geht. Nur schwer, weil die Beine so zittern, aber es geht. Und das bedeutet, dass die erste Angst völlig unbegründet war. Dann gehst du nach vorne und stolperst eben nicht über einen Rucksack. Jetzt hast du wieder einen Schritt geschafft und es läuft viel besser, als du befürchtet hast. Und so weiter und so fort. Ich weiß, dass viele gern positiv reden und dann sagen: »Das wird schon! Du schaffst das. Mach dir keine Sorgen. Das Referat wird ganz toll werden.« Das ist lieb gemeint, aber wenn du tief in dir doch Angst vor dem Referat hast, dann wird es dir wahrscheinlich nicht helfen. Daher stelle dich der Angst. Stell dir genau vor, was alles schiefgehen kann. Und wenn es dann besser läuft – und das wird es –, dann kannst du dich darüber freuen.

Wichtig

- **Bekämpfe dein Lampenfieber mit der AUSatmung.**
- **Suche dir Unterstützer, zum Beispiel Bushido oder einen Gospelchor.**
- **Stell dich deiner Angst, dann kannst du etwas gegen sie unternehmen.**

EINEN BLACKOUT VERMEIDEN

Die meisten Schüler haben Angst davor, an der Tafel zu stehen und nicht mehr zu wissen, was sie sagen wollten. Das ist ein sogenannter Blackout. Und vielleicht hast du das auch schon einmal erlebt: Der Lehrer ruft dich nach vorne, wo du an der Tafel eine Matheaufgabe lösen sollst. Als du das zu Hause mit deiner Mutter geübt hast, ging das noch ganz prima. Aber nun – vorne an der Tafel – fällt dir nicht mehr ein, wie du die Aufgabe lösen könntest. Und je mehr deine Mitschüler, deine Freunde, deine Kameraden und der Lehrer dir über die Schultern schauen, desto unsicherer wirst du.

Das kann dir aber genauso gut auch bei einer schriftlichen Arbeit passieren. Du sitzt vor dem Blatt Papier und alles, was du zu Hause gelernt hast, ist auf einmal wie weggeblasen. Ich habe dir vorhin im Kapitel »Sag Tschüss zum Lampenfieber« erklärt, dass du mithilfe der Atmung dein Lampenfieber in den Griff bekommen kannst. Das Gleiche gilt für den Blackout.

WENN DIE URINSTINKTE ÜBERNEHMEN

Ich erkläre dir mal kurz, was in diesem Moment in deinem Körper passiert. Wenn du große Angst vor der Aufgabe hast, dann denkt dein Körper, dass du in Gefahr bist. Und was macht dein Körper, wenn du in Gefahr bist? Er wird versuchen, dich so stark wie möglich zu machen, damit du entweder kämpfen oder ganz schnell weglaufen kannst. Das nennt man dann: auf seine Urinstinkte zurückgreifen.

Alle Tiere haben Instinkte und du auch. Wenn ein Hund Angst hat, dann bellt er und greift an oder er läuft weg. Manche Hunde nutzen auch eine dritte Möglichkeit und bleiben reglos stehen. Das hast du bestimmst schon einmal gesehen, wenn zwei Hunde dicht vor- oder nebeneinander stehen und sich nicht bewegen. Dann sehen sie sich schief von der Seite an, belauern sich, aber bewegen sich kaum. Irgendwann geht dann der erste weg und beide können sich wieder bewegen.

Und genau diese Instinkte hast du auch. Das bedeutet, dass dein Körper sofort auf Kampf oder Flucht umschaltet, wenn er denkt, dass du in Gefahr bist. Er reagiert zum Beispiel über die Atmung und sorgt dafür, dass du hoch in den Brustkorb atmest. Das hohe Atmen hilft dem Körper dabei, auf seine Instinkte zuzugreifen. Du wirst also nicht nur nervös, wenn du zu viel einatmest, sondern auch, wenn du hoch einatmest. Und wenn dein Körper nervös und kribbelig wird, dann denkt dein Gehirn, dass du in Gefahr bist. Warum solltest du sonst so nervös sein?! Es sieht zwar noch keine Gefahr, will dich aber trotzdem retten, indem es dafür sorgt, dass du reglos stehen bleibst, dass du wegläufst oder dass du angreifst. Dein Gehirn macht das ganz toll. Denn solltest du wirklich mal in Gefahr geraten, bist du dagegen gewappnet. Nur ist ein Referat keine Gefahr. Und selbst wenn du anders darüber denkst, helfen dir diese Urinstinkte trotzdem nicht:

- Sie machen dich zwar stark, aber was bringt dir das, wenn du vorne an der Tafel stehst und nicht weißt, was du sagen sollst.

- Sie machen dich schnell, aber was bringt dir das, wenn du vorne an der Tafel stehst und sprachlos bist.

Sie lassen dich verharren, aber was bringt dir das, wenn du vorne an der Tafel stehst und deine Mitschüler und den Lehrer mit Worten beeindrucken möchtest.

Diese Urinstinkte helfen dir weder bei einem Referat noch beim Schreiben einer Arbeit noch beim Lösen einer Matheaufgabe vorne an der Tafel. Dafür helfen sie dir, wenn du einen großen Hund siehst, der die Zähne fletscht und dich böse anknurrt. Dann bist du wirklich in Gefahr und dein Körper wird dafür sorgen, dass du regungslos stehen bleibst. Und falls auf einmal – in der Ferne – ein böser Junge auf dich zuläuft, der dich verhauen will, dann wird dein Körper alle Kräfte mobilisieren, damit du schneller laufen kannst als der böse Junge. Und falls er dich doch bekommt, wird dein Körper dich stärker machen, als du normalerweise bist, damit du dich wehren kannst.

Leider wird bei diesen Urinstinkten dein Denkgehirn ausgeschaltet. Das wird in dem Moment ja nicht gebraucht. Das heißt, du kannst schnell handeln, aber nicht denken. Merke: Wenn du in Gefahr bist, dann sind die Urinstinkte toll. Wenn du jedoch denken möchtest, dann sind sie nicht toll.

Schauen wir uns noch ein Beispiel an: Du kennst doch sicher Edward aus der *Twilight*-Saga. Er ist ein lieber, netter Junge, wenn er mit Bella zusammen ist, denn da braucht er seine Urinstinkte nicht, weil er nicht in Gefahr ist. Wenn er jedoch sich oder Bella verteidigen muss oder gegen das Böse kämpft, dann kommen all diese Instinkte zum Tragen. Dann ist er stärker, schneller und kann alles überblicken, was ihm meist zum Sieg verhilft.

Es ist also wichtig, dass dein Körper auf diese Instinkte zugreift, wenn du wirklich in Gefahr bist. Aber ein Referat oder eine Prüfung sind keine echte Gefahr. Und das kannst du deinem Körper auch sofort klarmachen, indem du dich wieder auf die Ausatmung konzentrierst.

Atme auch hier so lange wie möglich aus, genauso wie wir es auf der CD in Kapitel 9 geübt haben. Du kannst das auch lautlos tun. Die Meeresrauschen-Atmung haben wir auf der CD in Kapitel 10 geübt.

Es reicht meistens schon, wenn du drei bis vier Mal so lange wie möglich ausatmest. Dann weiß dein Körper, dass du nicht in Gefahr bist.

Nun möchte ich dir gern noch den Unterschied zwischen der hohen und der tiefen Atmung zeigen.

FÜR JEDE SITUATION DIE RICHTIGE ATMUNG

Die hohe Atmung wird auch die Brustatmung genannt, weil du hoch in den Brustkorb atmest. Die tiefe Atmung wird Bauchatmung genannt, weil sich dabei dein Bauch bewegt. Der bewegt sich übrigens nicht, weil du dorthin atmest. Das geht nicht. Im Bauch sind ja die Gedärme und viele andere Organe wie der Magen und die Leber. Sowohl bei der hohen als auch bei der tiefen Atmung atmest du in die Lungenflügel, die sich im Brustkorb befinden. Nur dort kann die Luft hinein.

Aber die Lunge kann sich auf zwei verschiedene Arten ausdehnen. Stell dir vor, so ein Lungenflügel ist wie ein Blasebalg. Den kennst du doch, nicht wahr? Mit dem pusten deine Eltern die Luftmatratzen auf, wenn ihr an den Strand fahrt oder wenn Besuch kommt und er auf der Luftmatratze schlafen darf. So ein Blasebalg ist mal flacher und mal dicker. Wenn er flach ist, dann ist keine Luft mehr im Blasebalg, das ist die Ausatmung. Und wenn der Blasebalg sich mit Luft vollpumpt, dann entspricht das der Einatmung. So funktioniert das auch bei der hohen Atmung. Richtig, das ist die Atmung, die wir dann brauchen, wenn wir in Gefahr sind. Stell dich mal vor den Spiegel und dann pumpe deinen Brustkorb ordentlich auf. Streck ihn raus und atme so gut es geht in die Brust – wie ein Gockel, der sich aufplustert, oder wie der Gorilla King Kong, bevor er sich auf die Brust schlägt. Wenn du das mit dem Blasebalg vergleichst, dann hat er sich jetzt mit Luft vollgepumpt. Steigt nun jemand auf den Blasebalg, dann wird er wieder flach. Das kannst du ebenfalls machen, indem du ausatmest. Siehst du das im Spiegel? Bei der Einatmung füllt sich dein Blasebalg und bei der Ausatmung wird er wieder flach.

Die tiefe Atmung funktioniert etwas anders. Dort pumpt sich die Lunge nicht nach vorne auf, sondern sie dehnt sich nach unten. Hol dir doch einfach mal eine Spritze von deinen Eltern. Die haben bestimmt irgendwo eine kleine, mit der du spielen kannst. Falls nicht, dann könnt ihr eine kleine Spritze in der Apotheke kaufen. Nun hältst du diese Spritze mit der Öffnung nach oben und ziehst unten an dem beweglichen Stab. Wenn er ganz unten ist, dann ist ganz viel Luft in der Spritze. Das ist die Einatmung. Wenn du die Spritze wieder leerst, indem du den Stab nach oben schiebst, dann ist das die Ausatmung. Die Bauchatmung funktioniert ganz ähnlich. Dadurch dass sich die Lungenflügel nach unten ausdehnen, wird Luft in die Lunge gesogen. Da unten im Bauch sind aber schon die Gedärme. Das bedeutet, dass die auf einmal weniger Platz haben. Vorher durften sie sich noch schön ausbreiten, aber auf einmal kommt von oben das Zwerchfell und schiebt alles nach unten. Das Zwerchfell ist übrigens ein Atemmuskel. Er hilft der Lunge dabei, sich nach unten auszudehnen. Stell dir das Zwerchfell einfach als eine Art Fahrstuhl vor. Und dieser Fahrstuhl fährt nun eine Etage tiefer. Vorher konnten sich deine Gedärme noch im Erdgeschoss und im 1. Stock breitmachen, aber auf einmal steht ihnen nur noch das Erdgeschoss zur Verfügung, weil die Lunge nicht nur den 2., sondern auch den 1. Stock für sich beansprucht.

Und genau deswegen streckst du beim Einatmen den Bauch raus, denn irgendwo müssen die Gedärme ja hin (übe das ruhig vor dem Spiegel). Stell dir vor, dass dein Bauch die Terrasse ist. Du machst also die Terrassentür auf und gibst den Gedärmen die Möglichkeit, auch dorthin zu gehen. Jetzt haben sie zwar immer nur noch das Erdgeschoss, aber auch die Terrasse.

Beim Ausatmen gehen die Gedärme dann von der Terrasse wieder zurück ins Erdgeschoss und in den 1. Stock, weil sich die Lunge zurückzieht. Das ist die tiefe Atmung, die dafür sorgt, dass dein Körper weiß, dass du nicht in Gefahr bist. Das bedeutet, dass du dich an alles erinnern kannst, was du gelernt hast. Auch kannst du dich beim Lernen viel besser konzentrieren, wenn du tief atmest. Merke: Wenn du denken möchtest, dann ist die tiefe Atmung toll. Wenn du lernen möchtest, ist die tiefe Atmung toll. Wenn du dich ruhig fühlen möchtest, dann ist die tiefe Atmung toll. Wenn du schnell sprinten möchtest, dann ist die tiefe Atmung nicht so toll.

Kleiner Tipp: Beim Sport kannst du dein Wissen über die verschiedenen Arten der Atmung ebenfalls anwenden. Wenn du für das Sportabzeichen beim 100-Meter-Lauf gewinnen möchtest, dann ist es nämlich schlau, vorher drei Mal hoch zu atmen. Dadurch werden die Urinstinkte geweckt und du kannst schneller laufen als normal. Willst du hingegen eine lange Strecke laufen, dann atme bitte so lange es geht tief, denn dafür brauchst du nicht deine Instinkte, sondern den Kopf.
Das Thema Atmung findest du auf der CD in Kapitel 11.

GEDANKEN IN BEWEGUNG

Atmen kannst du jetzt. Aber ich habe noch einen weiteren Tipp, wie du einen Blackout vermeiden kannst, nämlich indem du hin und her gehst. Dazu gibt es einen sehr alten weisen Spruch: Ist der Körper in Bewegung, sind es auch die Gedanken.

Das bedeutet, dass du dich viel besser konzentrieren kannst, wenn du dich bewegst. Vielleicht hast das schon einmal bei deinen Eltern beobachtet. Sie gehen häufig auf und ab, wenn sie telefonieren, vor allem wenn das Gespräch wichtig ist und sie sich darauf konzentrieren wollen. Und das fällt ihnen leichter, wenn sie sich bewegen. Frag deine Eltern doch mal, warum sie das tun. Ich bin gespannt, ob es ihnen bewusst ist oder ob sie es automatisch machen, ohne zu wissen, was sie da tun.

Leider kannst du dich nicht bewegen, während du eine Arbeit schreibst. Hier hilft also wirklich nur die Atmung. Aber du kannst dich bewegen, wenn du ein Referat hältst. Du kannst entweder vor der Tafel von links nach rechts gehen oder durch die Klasse. Das ist ungewöhnlich, aber nicht verboten. Und wenn es dir hilft, dann solltest du es auf jeden Fall tun. Hilft dir das Gehen nicht, dann bleibst du einfach stehen. Wie bei jedem Tipp gilt: Nur wenn es sich gut anfühlt, übernimmst du ihn auch.

Aber übertreibe es nicht mit dem Gehen. Deine Mitschüler sollen nicht an den Tiger im Käfig erinnert werden, der im Zoo ständig ununterbrochen von links nach rechts tigert. Ein Tiger ist zwar beeindruckend, aber durch das viele Hin und Her wirkt er unruhig. Und unruhig möchtest du vorne an der Tafel nicht wirken. Im Gegenteil: Du möchtest zeigen, dass du alles im Griff hast. Geh also lieber einmal von links nach rechts, bleib dann etwas stehen und geh wieder zurück.

Du kannst das Gehen – wie deine Eltern – dazu nutzen, um dich besser zu konzentrieren, aber auch wenn du einmal nicht mehr weiterweißt. Denn sobald du anfängst zu gehen, wird dir etwas einfallen. Ich kann leider nicht versprechen, dass dir genau das einfallen wird, was du sagen wolltest, aber dir wird irgendetwas einfallen. Und das ist das Wichtigste. Du kannst also erst einmal weitersprechen. Und da keiner weiß, was du eigentlich sagen wolltest, wird sich niemand darüber wundern, wenn du etwas anderes sagst.

Halte dir das stets vor Augen: Keiner weiß, was du sagen möchtest. Es ist also albern, wenn du dich darüber ärgerst, dass dir ein bestimmter Satz nicht einfällt. Sag einfach etwas anderes. Niemand weiß, was du geplant hattest, und deswegen kannst du völlig entspannt weitersprechen, selbst wenn du etwas ganz anderes sagst. Ein kleines Beispiel: Du hast

Geburtstag und lädst deine Freunde ein. Nun sagst du deiner Mutter, dass es Wackelpudding mit Vanillesoße geben soll – und natürlich Hotdogs mit allen möglichen Soßen. Deine Mutter findet beim Einkaufen aber nicht die richtigen Würstchen für Hotdogs und überlegt sich, dass sie dann doch lieber Spaghetti mit Hackfleischbällchen macht. Und auch der Wackelpudding ist aus, aber dafür hat sie eine tolle Schokoladencreme gefunden, die es statt dem Wackelpudding mit Vanillesoße gibt. Wenn nun deine Freunde kommen, dann freuen sie sich über das leckere Essen. Sie wissen ja nicht, dass du etwas anderes wolltest. Und wenn du es ihnen nicht verrätst, dann werden alle glücklich sein. Genauso ist es beim Referat.

Fällt dir ein besonders wichtiger Satz gerade nicht ein, dann bau ihn einfach später ein, sobald du wieder weißt, was du sagen wolltest. Fällt er dir überhaupt nicht mehr ein, wird dich vermutlich dein Lehrer danach fragen und spätestens dann kommt die Erinnerung zurück. Setz dich also nicht zu sehr unter Druck. Es ist völlig in Ordnung, wenn du mal etwas vergisst. Das wird nicht dazu führen, dass du eine schlechte Note bekommst. Je entspannter du damit umgehst, desto seltener wird es vorkommen. Bleib cool, atme aus, gehe etwas hin und her – und ein Blackout bleibt dir mit großer Sicherheit erspart!

Wichtig

- Es gibt verschiedene Arten der Atmung. Die hohe Atmung brauchst du, wenn du in Gefahr gerätst, während die tiefe Atmung dafür sorgt, dass du ruhig wirst und dich gut konzentrieren kannst.
- Denke beim Blackout an die Ausatmung und an das Gehen.

TAUSCHE PRÜFUNGSANGST GEGEN PRÜFUNGSLUST

Ich werde dir jetzt eine kleine Geschichte erzählen. Du kannst sie dir entweder hier im Buch durchlesen oder du hörst sie dir auf der CD an.
Du findest sie in Kapitel 12.

Vor vielen Jahren habe ich mich zur professionellen Sprecherin ausbilden lassen. Ich habe gelernt, wie man Nachrichten im Fernsehen vorliest, wie man im Radio moderiert und wie man Werbung in einem Tonstudio spricht. Und auch wenn es

leicht aussieht, dahinter steckt harte Arbeit. Ich habe ein Jahr lang regelmäßig eine Schule besucht und bei der Abschlussprüfung stand ich vor acht professionellen Sprechern, die mir spontan Texte gaben, die ich vorlesen sollte. Und dann bekam ich einfach Themen vorgegeben, zu denen ich spontan etwas sagen sollte. Ich war so aufgeregt, dass ich am Abend vorher noch geweint habe. Ich war mir sicher, dass ich diese Prüfung nicht schaffen werde, weil die Jury – also die professionellen Sprecher – teilweise schon seit 40 Jahren beim Radio, im Fernsehen oder auf der Bühne tätig waren und wirklich viel Ahnung hatten. Als ich am Abend vorher so geweint habe, da rief mich meine Freundin Stephanie an und gab mir einen wichtigen Tipp.
Viele Tipps hatte neulich auch Hans Friedrich für mich. Er ist Geheimagent und seine Aufgabe war es früher, das Vertrauen von Verbrechern zu gewinnen. Er sollte böse Menschen dazu bringen, ihm zu erzählen, wo er beispielsweise den Rest der Bande findet und welches Mitglied welches Verbrechen begangen hat. Hans Friedrich ist Profi und er weiß, dass er nur dann das Vertrauen des Verbrechers gewinnt, wenn er etwas findet, das er an ihm gut findet. Vielleicht ist er ja lieb zu seinen Kindern oder er hat seiner Mutter ein Haus gekauft. Möglicherweise hat er auch vor Kurzem eine verletzte Katze gerettet. Bei dem Verbrecher Thomas, der wirklich, wirklich böse war, fand er einfach nichts, was er gut finden konnte. Er hatte lange überlegt, aber einfach nichts gefunden. Nun musste er Thomas verhören. Aber wie sollte er dessen Vertrauen gewinnen, wenn es nichts gab, das er an ihm schätzen konnte? Hans Friedrich hatte richtig Angst vor dieser Prüfung und er bekam schweißnasse Hände, als er zu Thomas ging und der ihn böse anschaute. Hans machte den Mund auf und sagte: ...

Da fällt mir ein, dass meine Freundin Maria früher auch so häufig sprachlos war, wenn sie vor ihrem Chef stand. Sie arbeitet in einer Bank und ist auch wirklich gut. Die Arbeit macht ihr Spaß und sie findet ihre Kollegen sehr nett, aber wenn sie zum Chef musste, dann merkte sie, wie ihr die Spucke wegblieb und wie die Hände und Beine zu zittern anfingen. Sie bekam dann kaum Luft, und sobald sie den Chef ansah, wusste sie nicht mehr, was sie sagen wollte. Sie stand dann da, stammelte vor sich hin und das war ihr dann so peinlich, dass sie beim nächsten Mal noch mehr Angst davor hatte, mit ihm zu reden. Er wollte ja gar nichts Böses von ihr. Er hatte ihr nur dabei geholfen, für eine Prüfung zu lernen. Sie wollte nämlich gern eine wichtige Position übernehmen. Und dafür lernte sie, wie man am besten mit Mitarbeitern redet und wie man dafür sorgen kann, dass diese alle gern arbeiten. Ihr Chef übte mit ihr und stellte ihr Fragen, die ihr auch bei der Prüfung gestellt werden würden. Und obwohl sie keine Angst vor ihrem Chef hatte, fürchtete sie sich furchtbar vor der Prüfung und war generell sprachlos und starr vor Angst, wenn sie nun zu ihrem Chef ging, um für die mündliche Prüfung zu üben. Irgendwann hatte der dann die Nase voll und sagte zu ihr: »Du kannst das. Du schaffst das. Sei entspannt. Atme lange aus. Prüfungen machen Spaß. Prüfungen sind ganz leicht. Mach es auf deine Weise.«

Maria schaute ihn verdutzt an und da schlug ihr Chef Folgendes vor: »Maria«, sagte er, »stell dir vor, du bist in einem Raum, der komplett weiß ist. In dem Raum steht nur ein einziger Stuhl und auf den setzt du dich. Es gibt in diesem weißen Raum nur zwei Türen. Eine rechts und eine links. Gleich wirst du eine Tür öffnen und durch diese werden Gedanken in den Raum strömen. Öffne jetzt eine Tür und lasse die

Gedanken herein. Einige sind groß, andere klein. Einige schweben im Zimmer umher, andere klammern sich an der Wand fest und wieder andere hängen an der Decke. Schließe jetzt die Tür wieder und sperre alle Gedanken aus, die draußen bleiben sollen. Schau dir in aller Ruhe die Gedanken an, die nun im Raum sind. Schau dir besonders die Gedanken an, die dir unangenehm sind. Gedanken, die dir sagen, dass Prüfungen nicht gut sind. Gedanken, die dir sagen, dass du vor Prüfungen Angst haben musst. Schau dir diese Gedanken an. Rede mit ihnen. Und lass die Gedanken auch antworten. Frag sie, warum du Angst haben solltest. Dann überleg dir, ob du diese Gedanken wirklich brauchst. Müssen sie in diesem Raum sein, in dem du sitzt? Welche anderen Gedanken hängen mit diesen Gedanken zusammen? Schau dir all die Gedanken genau an, mit denen du dich unwohl fühlst, und dann mach die zweite Tür auf und schick sie raus. Alles, was du loswerden möchtest, kannst du jetzt loswerden, indem du einfach die zweite Tür aufmachst und die Gedanken, mit denen du dich nicht wohlfühlst, hinausschweben lässt. Schau dir alle übrigen Gedanken an, die noch im Raum sind. Sind noch welche dabei, bei denen du dich nicht gut fühlst? Dann schau dir auch diese Gedanken an und rede mit ihnen. Und dann schick sie durch die zweite Tür hinaus. Schließe jedes Mal die Tür wieder fest, nachdem ein unangenehmer Gedanke hinausgeflogen ist. Schau dir immer wieder die restlichen Gedanken an, die noch im Raum sind. Wenn schließlich nur noch schöne und angenehme Gedanken im Raum sind, mit denen du dich sehr wohlfühlst, dann genieße es. Spüre die ganzen schönen Gedanken, die um dich herum sind, und lass die Gedanken größer und strahlender werden. Nimm die ganzen schönen, großen, strahlenden Gedanken in dir auf und fühle, wie angenehm das ist. Du bist nun entspannt und fühlst dich wohl. Du weißt, dass du nur noch gute und positive Gedanken in dir hast. Und du weißt jetzt, wie du jederzeit Gedanken loswerden kannst, die du nicht magst und die du loswerden möchtest.« Maria war danach im ersten Moment wieder sprachlos, allerdings vor lauter Glück. Denn sie spürte nun, wie gut sie sich fühlte und dass da keine Angst mehr war. Seit dem Tag konnte sie mit ihrem Chef ganz entspannt für die Prüfung lernen und hat die auch ein paar Wochen später bestanden.

Hans Friedrich hat seine Prüfung übrigens auch bestanden. Er ist zu Thomas reingegangen und hat ihm gesagt, dass er ihn bewundert. Thomas war so überrascht, dass er sogar seinen bösen Blick vergaß und fragte: »Ähm, was bewunderst du denn an mir?« Hans Friedrich meinte: »Ich bewundere deine Gelassenheit. Du bist so entspannt, ganz gleich, was passiert. Ich kenne viele Menschen, die das nicht hinbekommen, aber du bist cool und locker.« Thomas schaute ihn erst skeptisch an und fragte sich, ob Hans Friedrich das wohl ernst meine.

Da Hans Friedrich aber selbst sichtbar nervös war und ihn mit ehrlicher Bewunderung anschaute, sagte Thomas zu ihm: »Das wirkt nur so. Natürlich bin ich auch etwas aufgeregt. Immerhin weiß ich nicht, was du von mir willst, und habe Respekt vor diesem Gespräch. Aber ich habe als Kind von meiner Mutter gelernt, dass ich mit der Atmung meinen Körper sehr gut kontrollieren kann. Ich konzentriere mich erst einmal auf die Ausatmung und versuche ansonsten, ganz tief in den Bauch zu atmen. Das beruhigt mich so sehr, dass ich klar denken kann und nicht nur entspannt auf andere wirke, sondern mich auch wirklich entspannter fühle.« Hans

Friedrich und Thomas unterhielten sich noch eine Weile über die Atmung und kamen dann darauf zu sprechen, wie Thomas eigentlich Verbrecher geworden war und dass er das nicht mehr sein wolle. Und dann erzählte und erzählte er. Hans hat es also mal wieder geschafft, das Vertrauen eines Verbrechers zu gewinnen und ihn so zum Reden zu bringen.

Meine Freundin Stephanie hat in der Nacht vor meiner Prüfung auch noch lange mit mir geredet. Ich habe geweint und sie meinte zu mir, dass ich es ganz entspannt angehen solle. Sie sagte: »Isabel, sei nicht immer so perfekt. Du hast so viel gelernt, und selbst wenn du morgen nur die Hälfte davon abrufen kannst, dann hast du schon bestanden. Ist doch egal mit welcher Note.« Natürlich war mir das nicht egal. Ich wollte mit der Bestnote bestehen, aber Stephanie hat so lange auf mich eingeredet, bis ich mir irgendwann sicher war, dass eine Drei auch eine super Note sei. Hauptsache bestehen, das war das Wichtigste. Sie hat mir dadurch den Druck genommen, und da ich von mir selbst auch nur noch eine Drei erwartet habe und keine Eins mehr, ging ich entspannt in die Prüfung. So konnte ich die acht Prüfer derart begeistern, dass ich mit einer glatten Eins bestanden habe. Ich bin Stephanie bis heute für ihre Hilfe dankbar und habe seitdem richtig Lust auf jede Prüfung, die auf mich zukommt.

Hier hört die Geschichte auf der CD auf. Und auch hier im Buch kannst du erst einmal eine Lesepause einlegen. Wenn du magst, dann lies dir die Geschichte vor der nächsten schwierigen mündlichen Prüfung oder schriftlichen Arbeit wieder durch. Oder höre dir die Geschichte noch einmal auf der CD an. Sie wird dir helfen.

SEI EIN STAR

Von welchen Stars hast du Poster an der Wand hängen? Bushido? Rihanna? Justin Bieber? Nun stell dir mal vor, du hättest ein Poster von DIR im Zimmer hängen. Kein albernes Babyfoto, sondern ein Bild, auf dem du richtig cool aussiehst. Und dann hast du natürlich auch quer über das Bild unterschrieben. Stell dir dieses Poster mal vor.

Sieht es nicht cool aus? Und nun stell dir weiter vor, dass auch andere dieses Poster bei sich hängen haben. Einfach deswegen, weil sie dich so toll finden! Sobald du aus dem Haus gehst, stehen schon die ersten Fans mit ihren Schulheften da und wollen ein Autogramm von dir. Natürlich warten auch die Fotografen und knipsen dich die ganze Zeit, während du zur Schule gehst. Reporter begleiten dich auf deinem Schulweg und fragen dich, wie du es geschafft hast, so beliebt und so cool zu werden. Die Antwort? Die findest du in diesem Kapitel. Viel Spaß beim Lesen!

DAS GEHEIMNIS DER KÖRPERSPRACHE

Die Körpersprache spielt vor allem dann eine Rolle,

- wenn du dich streitest,

- wenn du dich durchsetzen möchtest und
- wenn du ein Referat hältst.

Mit Körpersprache meine ich aber nicht nur die Bewegungen deiner Arme. Es geht um die gesamte Körperspannung. Und natürlich auch um die Bewegungen deiner Beine, deines Halses und deines Gesichts. Wie ich am Anfang des Buches schon mal erwähnt habe, kannst du allein mit der Körpersprache sehr viel ausdrücken. Das ist dann Kommunikation OHNE Worte. Wenn du dich zum Beispiel aufrecht hinstellst, ein ernstes Gesicht machst, deine Arme in die Seiten stemmst und dich breitbeinig hinstellst, dann ist allen klar, dass du gerade wütend bist oder zumindest sehr entschlossen. Das wird dein Hund verstehen, das werden deine Eltern verstehen, das werden deine Mitschüler verstehen und das wird auch dein Lehrer verstehen. Ein anderes Beispiel: Du gehst zur Schule. Von Weitem siehst du aber nicht nur die Schule, sondern auch zwei Schüler vor dem Eingang, die häufig andere Schüler ärgern. Wenn du nun Angst davor hast, dass sie dich ärgern, dann zeigt sich das in deiner gesamten Körperhaltung. Deine Schultern werden nach vorne fallen, du wirst leicht krumm gehen, du lässt den Kopf ein bisschen hängen und du gehst schlurfenden Schrittes an den Schülern vorbei. Das machst du, weil du hoffst, dadurch nahezu unsichtbar zu werden.

DIE TYPISCHEN OPFER

Nun verrate ich dir aber, dass diese zwei Schüler sich immer die jüngeren Schüler herauspicken, die versuchen, sich unsichtbar zu machen. Denn es macht den starken Schülern viel mehr Spaß, jemanden zu ärgern, der sich schwach fühlt oder zumindest schwach wirkt. Der wird sich nämlich nicht wehren und besonders schnell weinen oder sich herrlich aufregen. Tolle Opfer.

Wenn du also versuchst, unsichtbar zu werden, dann weckt das nur ihre Neugierde und sie werden dich erst recht ärgern. Eine bessere Möglichkeit ist, so stark zu wirken, dass sie sich gar nicht erst trauen, dich anzusprechen. Darüber hinaus kannst du allein mit deiner Körpersprache – also ohne Worte – deutlich machen, dass du nicht sofort weinen wirst und dich auch nicht aufregen wirst. Und dann macht es längst nicht mehr so viel Spaß, dich zu ärgern.

Schau dir mal deine Mitschüler an:

- Beobachte, wie die Mitschüler sich bewegen, die sehr beliebt sind und nicht gemobbt werden.

- Beobachte auch die Mitschüler, die häufig andere ärgern.

- Und nun beobachte die Mitschüler, die immer geärgert werden. Achte genau auf deren Körpersprache.

Du kannst das auch im Fernsehen oder im Kino beobachten. Es gibt Schauspieler, die immer cool sind und die immer genau wissen, was sie tun müssen, zum Beispiel Angelina Jolie, Sandra Bullock und Natalie Portman – oder für die Jungs: Brad Pitt, Will Smith und Til Schweiger. Schau dir mal deren Körpersprache an, wie sie gehen, wie sie die Arme bewegen und wie sie den Kopf halten.

Und dann gibt es die Schauspieler, die häufig schusselig sind und stets von einem Fettnäpfchen ins nächste treten. Die einen wirken stark, die anderen meist schwach. Überlege dir nun, zu welcher der beiden Gruppen du gehörst. Überlege dir, wie du normalerweise gehst und stehst.

Allerdings möchte ich dazu anmerken, dass es bei der Körpersprache kein Richtig oder Falsch gibt. Ich kann dir nicht sagen, dass du immer breitbeinig dastehen solltest, um stark zu wirken. Erstens ist es gar nicht schlau, immer nur stark zu wirken, und zweitens passt es vielleicht gar nicht zu dir. Ich kann dir also lediglich erzählen, welche Bewegungen normalerweise Sicherheit ausstrahlen. Ob du sie dann übernehmen willst, musst du selbst entscheiden. Und schon mal vorab: Je selbstbewusster du mit dir, deinem Gang, deiner Körpersprache, deinen Klamotten und so weiter umgehst, desto cooler und stärker wirst du von anderen wahrgenommen. Es geht nicht darum, andere nachzumachen, sondern darum, dass du durch Beobachtung lernst, wie Körpersprache funktioniert. Und danach entscheidest du dich, welche Körpersprache zu dir passt. Es ist deine Entscheidung. Ich kann dir nur den Weg zeigen.

SO WIRKST DU STARK

Legen wir also los: Es wird behauptet, dass du sehr stark wirkst, wenn du mit beiden Beinen fest auf dem Boden stehst und mit den Armen große Bewegungen machst. Natürlich nur, falls du sie bewegen möchtest. Wenn du dich nicht gerne bewegst, dann lass die Arme einfach herunterhängen. Dein Kopf ist dabei etwas nach oben gerichtet, als wenn du die Nase ein bisschen zu weit oben tragen würdest. Achte jedoch darauf, das Kinn nicht zu weit nach oben zu nehmen, du sollst dir schließlich nicht den Himmel anschauen. Halte den Kopf lediglich ein bisschen höher, als du es normalerweise tust. Und steh ganz gerade da, so gerade, wie deine Mutter es immer von dir verlangt, wenn deine Großeltern kommen.

Ebenfalls ganz wichtig: Eine starke Person spricht immer erst dann, wenn sie weiß, was sie sagen will. Das bedeutet, dass du nach einer Frage erst einmal eine Pause machst, bevor du etwas sagst, und dann mit entspannter Stimme antwortest. Höre dir dazu auf der CD Kapitel 13 an, dann weißt du, wie ich es meine. Übe das ruhig mal mit einem Freund. Er soll dir Fragen stellen, und du

- stellst dich breitbeinig hin,
- lässt deine Arme hängen,
- machst große Bewegungen mit den Armen (falls du sie bewegst),
- sprichst mit einer entspannten, also einer tiefen Stimme,
- machst vor der Antwort eine Pause und
- antwortest selbstbewusst und cool in einem kurzen Satz.

Er könnte dich zum Beispiel fragen: »Möchtest du mit mir rausgehen?« Du machst eine Pause und antwortest dann zum Beispiel: »Nein, ich habe keine Lust, rauszugehen.« Danach könnte er fragen: »Wollen wir Fernsehen gucken?« Du machst wieder eine Pause und antwortest: »Ja, auf Fernsehen habe ich Lust.« Und so übt ihr immer weiter.

SO WIRKST DU SCHWACH

Zum Vergleich zeige ich dir jetzt, wie jemand antwortet, steht und redet, der »schwach« wirkt. Jemand, der schwach ist – und dies nach außen zeigt –, steht meistens nur auf einem Bein. Damit meine ich jetzt nicht, dass derjenige auf einem Bein balanciert wie ein Flamingo im Zoo, sondern dass er nur ein Bein mit seinem Gewicht belastest. Er steht also auf einem Bein fest und das andere winkelt er an. Es wirkt ebenfalls schwach, wenn man ständig das Gewicht von einem Bein auf das andere verlagert. Möchtest du wissen, wie unsicher sich das anfühlt? Dann kipple mal mit den Füßen. Stell dich nur auf die Außenkanten deiner Füße beziehungsweise nur auf die Haken, während du die Füße vorne anhebst.

Noch unsicherer wirkt das Ganze, wenn derjenige zusätzlich an seiner Hose herumspielt oder den Pullover so weit herunterzieht, dass er seine Hände in den Ärmeln verstecken kann. Ein weiteres typisches Anzeichen von Schwäche ist das ständige Spielen mit den Händen, also das Reiben, Kneten und An-den-Fingern-Ziehen. Du siehst, um so richtig unsicher zu wirken, bedarf es viel Handarbeit. Die Hände stehen nie still. Übe das mal mit deiner Freundin:

- Stellt euch nur auf ein Bein.
- Kippelt mit den Füßen.
- Verlagert das Gewicht von einem Fuß auf den anderen, so als ob ihr dringend auf die Toilette müsstet, aber nicht dürft.

Gleichzeitig spielt ihr die ganze Zeit mit euren Händen herum:

- Steckt sie in die Hosentaschen und nehmt sie wieder heraus.
- Zupft an euren Ärmeln herum.
- Wischt euch die Hände an den Hosenbeinen ab.
- Knetet sie.

Nun kommt noch der Kopf dazu. Wenn ihr ihn ganz weit runternehmt, dann wirkt das sehr schwach. Nehmt das Kinn bis fast auf den Brustkorb und schaut – von unten nach oben – eure Freundin an. Diesen »Ich kann das nicht«-Blick setzt ihr ja auch auf, wenn euer Vater euch bei etwas helfen soll. Ihr zeigt damit, dass ihr schwach seid. Das ist manchmal sehr wirkungsvoll, weil Papa dann tatsächlich hilft. Wenn ihr aber stark rüberkommen wollt, dann ist dieser Blick nicht der richtige.

Wichtig ist beim Schwachwirken zudem, dass ihr beim Reden keine Pausen macht. Auch dann nicht, wenn euch eine

Frage gestellt wurde. Das heißt, du fängst schon an zu antworten, während deine Freundin noch die Frage stellt. Und da du nicht überlegt hast, was du sagen möchtest, sagst du ganz viel, aber irgendwie auch nichts. Das nennt man dann um den heißen Brei herumreden. Wenn deine Freundin dich also fragt, ob du rausgehen willst, antwortest du, noch bevor sie ausgeredet hat: »Nein. Oder doch? Ich glaube, irgendwie fehlt mir die Lust dazu. Aber wenn du willst, dann könnten wir ja doch vielleicht ... Eigentlich habe ich ja mehr Lust, hierzubleiben. Aber wir können ja noch mal darüber reden.«

Ganz wichtig ist übrigens auch, dass du vor der Antwort lachst. Aber kein herzhaftes Lachen, das stark wirken würde, sondern ein verlegenes Kichern. Wenn deine Freundin also die zweite Frage stellt: »Wollen wir gemeinsam Fernsehen schauen?«, dann fängst du erst an zu kichern und antwortest dann: »Könnte sein, ich hätte schon Lust – eigentlich. Vielleicht ist das ja eine gute Idee, irgendwas wird schon kommen. Und wenn nicht? Ich weiß nicht ...« Als Krönung sprichst du das auch noch mit einer hohen Stimme.
Ich mache es auf der CD in Kapitel 14 einmal vor.

So spricht nur jemand, der sehr schwach ist. Zumindest wird jemand, der so redet, als schwach angesehen. Und das ist entscheidend, denn wir werden ständig beobachtet. Falls du der Meinung bist, dass du ein ganz starker und cooler Schüler bist, hilft dir das wenig, wenn alle anderen denken, dass du schwach bist. Es macht einen großen Unterschied, wie du dich selbst wahrnimmst und wie andere dich wahrnehmen.

Jetzt viel Spaß beim Üben. Am besten vermeidest du dabei, deiner Freundin in die Augen zu sehen. Schau ihr nur kurz in die Augen und dann gleich weg. Dann blickst du kurz auf ihre Stirn, danach auf den Fußboden, an die Wand, auf ihren Hals und schließlich wieder in die Augen. Merke: Nur eine starke Person schafft es, seinem Gesprächspartner länger und ruhig in die Augen zu schauen und nicht ständig wegzublicken.

Spielt das ruhig eine Weile durch, damit ihr genau beobachten könnt, wie eure Freundin aussieht, wenn sie schwach ist. Hilfreich ist auch, den Unterschied zwischen stark und schwach zu spüren beziehungsweise zu beobachten. Wechselt deshalb hin und wieder zwischen den beiden Übungen. Es ist deine Entscheidung, wie du nach dem Spiel wirken möchtest.

An dieser Stelle schon mal vorab: Du bist gut, so wie du bist! Wenn du allerdings merkst, dass du immer wieder von anderen gemobbt wirst, dann ist es an der Zeit, etwas anders zu reden, zu stehen und zu gehen, damit das aufhört. Deswegen änderst du dich ja nicht komplett. Du änderst nur ein bisschen die Körpersprache und wirst von den anderen dann anders wahrgenommen.

GEHEN UND BLICKKONTAKT

Nun hast du also eine grobe Ahnung davon, wie eine starke Körpersprache aussehen könnte. Das Gleiche gilt in Bezug auf das Gehen. Wenn du dich deiner Schule näherst, dann gehe ruhig und aufrecht. Schaue die beiden wartenden Schüler an. Schaue ihnen in die Augen und danach gelangweilt weg. Wenn du jemandem erhobenen Kopfes und in aufrechter Haltung in die Augen schauen kannst, dann wirkt das sehr stark. Schaust du deinem Gegenüber allerdings zu lange in die Augen, wird das als Aufforderung verstanden – wenn dich jemand nicht mag, dann ist es eine Aufforderung zum Streit, wenn du eine Frage gestellt hast, eine Aufforderung, zu antworten. Mit dem Blickkontakt nimmst du Kontakt auf, wie das Wort schon sagt.

Wenn du nur zeigen möchtest, dass du stark bist, dann reicht ein kurzer ruhiger Blick. Möchtest du dich unterhalten, kann der Blickkontakt auch länger ausfallen. Bei den zwei Schülern, die vor dem Eingang warten, reicht aber ein kurzer ruhiger Blick völlig. Danach schaust du nicht auf den Boden, sondern hebst den Kopf, gehst ruhig und gerade weiter und schaust gelangweilt woanders hin. Zeige ihnen, dass du stark bist, aber kein Interesse an einem Gespräch hast. Falls das nicht klappen sollte und sie dich trotzdem ansprechen, findest du weiter hinten im Buch weitere Tipps (siehe Seite 167 ff.).

DIE KÖRPERSPRACHE BEIM REFERAT

Kommen wir noch einmal auf das Referat zurück. Da möchtest du ebenfalls stark wirken. Du möchtest deiner Lehrerin zeigen, dass du dich gut vorbereitet hast, und du möchtest von deinen Mitschülern bewundert werden. Somit ist auch hier eine ruhige Körpersprache wichtig.

Es könnte sein, dass dir mal jemand gesagt hat, dass du deine Arme nicht verschränken darfst. Das stimmt so nicht. Es ist nicht schlimm, wenn du ab und zu deine Arme verschränkst. Wichtig ist, dass du es nur ab und zu machst. Wenn du hingegen die ganze Zeit die Arme verschränkst, wirkst du tatsächlich schwach. Die anderen denken dann, dass du dich hinter deinen Armen verstecken möchtest. Oder sie denken, dass du nicht mit ihnen reden willst. Oder sie denken, dass du böse bist und schmollst. Du sendest somit eindeutige Signale, auch wenn dir das gar nicht bewusst ist. Wie ich am Anfang schon erwähnt habe, beobachten dich alle. Und du kannst nicht entscheiden, wie deine Klassenkameraden deine Körpersprache finden beziehungsweise wie sie diese deuten. Manche finden vielleicht, dass verschränkte Arme cool aussehen. Die werden es also cool finden, wenn du deine Arme verschränkst. Ich kann dir aber schon jetzt verraten, dass deine Lehrerin oder dein Lehrer es nicht cool finden wird – zumindest dann nicht, wenn du die ganze Zeit die Arme verschränkst.

Das Gleiche gilt, wenn du deine Hände in deinen Hosentaschen vergräbst. Das wird in der Regel ebenfalls als Zeichen der Unsicherheit gedeutet (es wirkt, als wüsstest du nicht, wohin mit deinen Händen), manche empfinden es auch als unhöflich. Steckst du sie aber lediglich ab und zu während des Referats in deine Hosentaschen, ist das in Ordnung.

Wir haben bereits ausreichend darüber geredet, wie wichtig der Anfang und das Ende sind. Achte daher besonders an diesen Stellen auf deine Körpersprache, insbesondere bei

- einem Referat,
- einem Vorstellungsgespräch für einen Praktikumsplatz,

- einem Gespräch mit deinen Eltern,
- einem Gespräch mit dem Schulleiter sowie
- vielen anderen Gesprächen.

BLEIB DIR SELBST TREU

Mir ist natürlich bewusst, dass es ungewohnt ist, vor der Klasse zu stehen. Und mir ist auch bewusst, dass du dann nicht weißt, wohin mit deinen Händen. Mir ist wichtig, dass du stark rüberkommst. Mir ist aber genauso wichtig, dass du dir selber treu bleibst. Damit du für dich herausfindest, wie du dich normalerweise bewegst, stelle ich dir folgende Fragen: Bewegst du dich kaum, wenn du mit Freunden oder deinen Eltern sprichst? Oder bewegst du dich ganz viel? Wenn du dich normalerweise kaum bewegst, dann fang damit nicht vor der Klasse an. Mit anderen Worten: Bewege dich auch beim Referat wenig. Wenn du dich allerdings bewegst, dann wäre es gut, wenn diese Bewegungen stark rüberkommen. Das bedeutet: ruhige große Bewegungen.

Wenn du dich normalerweise viel bewegst, dann mach das bitte auch vor der Klasse. Bist du allerdings ein Zappelphilipp, dann könntest du versuchen, dich zwar viel, aber trotzdem ruhig zu bewegen. Bevor du aber darüber nachdenkst, stellt sich erst einmal die Frage, wie du dich normalerweise bewegst.

Das findest du mithilfe der folgenden Übung heraus: Bitte deine Eltern, dich und deine Körpersprache nachzumachen, inklusive der Art, wie du redest. Schau dir das dann in Ruhe an und überlegt anschließend gemeinsam, ob deine Körpersprache für ein überzeugendes, total spitzenmäßiges Referat geeignet ist. Vielleicht ist die Körpersprache ja insgesamt ganz toll und du kannst nur hier und da etwas verbessern. Vielleicht kommt ihr aber auch zu dem Ergebnis, dass die Körpersprache noch stärker werden könnte. Geht das ruhig einmal gemeinsam durch.

Ich würde aber nicht nur deine Eltern fragen, sondern auch deinen besten Freund. Der soll dich ebenfalls nachmachen und sagen, wo du noch etwas verbessern könntest. Zudem hast du ja mittlerweile viele Schauspieler beobachtet, deine Eltern, Lehrer und viele andere, die stark und cool rüberkommen. Überlege dir einfach, was davon auch zu dir passen würde. Ich wiederhole mich: Es gibt in Bezug auf die Körpersprache kein Richtig oder Falsch. Du allein entscheidest, wie du wirken möchtest. Und du allein entscheidest – mithilfe deiner Eltern und Freunde –, ob und in welcher Hinsicht du dich verbessern möchtest. Merke: Nichts ist so schlimm, dass du es nie machen darfst. Und nichts ist so toll, dass du es immer machen solltest.

WOHIN MIT DEN HÄNDEN?

Nun stellst du dir vielleicht immer noch die Frage, wo du mit deinen Händen hin sollst. Die Antwort: Du kannst sie einfach seitlich herunterhängen lassen. Du kannst aber auch mal einen Daumen in die Hosentasche stecken oder deine Karteikarten in die Hand nehmen. Wobei ich dir raten würde, die Karteikarten immer nur in einer Hand zu halten. Wenn du die

Karteikarten nämlich die ganze Zeit mit beiden Händen krampfhaft festhältst, dann sieht das nicht stark aus. Hältst du sie in einer Hand, kannst du den Arm zudem auch mal seitlich herunterhängen lassen (wenn du die Karteikarten brauchst, um einen Blick darauf zu werfen, dann hebst du den Arm mit den Karteikarten wieder). Generell kannst du deine Arme und Hände viel besser bewegen, wenn du nicht die ganze Zeit mit beiden Händen die Karteikarten festhältst.

Wichtig ist bei den Karteikarten auch, dass du nicht redest, während du noch auf deine Stichworte schaust. Nimm bitte immer erst den Kontakt über die Augen auf und rede danach. Es heißt nicht umsonst: Blick-Kontakt. Erst schauen, dann reden. Übe das zu Hause, am besten mit deinen Eltern oder ein paar Freunden. Stell dich vor sie hin und heb die Karteikarten hoch. Dann liest du dir durch, was dort steht, schaust wieder nach oben, in die Augen deiner Eltern oder deiner Freunde, und erzählst ihnen genau, was du eben gelesen hast. Das ist wirklich sehr wichtig. Es macht einen großen Unterschied, ob du etwas abliest oder ob du frei sprichst. Du kannst so oft auf die Karteikarten schauen, wie du möchtest, achte aber darauf, dass du nach dem Lesen erst wieder in die Augen deines Lehrers oder deiner Mitschüler schaust, ehe du weiterredest.

Wenn du die Karteikarten in der Hand hast, sind deine Hände schon mal beschäftigt. Möchtest oder darfst du keine Karteikarten benutzen, kannst du die Hände – wie bereits gesagt – auch einfach locker hängen lassen. Damit deine Hände und Arme trotzdem etwas zu tun bekommen, kannst du sie immer dann bewegen, wenn du etwas betonen möchtest. Wenn du zu deinem Freund sagst: »Das ist wichtig«, dann würdest du bestimmt bei dem Wort »wichtig« deine Hand oder deinen

Arm bewegen. Wir machen das automatisch – auch deine Eltern, deine Lehrer, deine Mitschüler, deine Freunde, deine Geschwister. Wenn sie ein Wort besonders betonen möchten, dann bewegen sie genau in dem Moment eine Hand oder einen Arm, in dem sie das Wort aussprechen. Vielleicht bewegt dein Vater auch nur eine Augenbraue, vielleicht nickt deine Mutter mit dem Kopf, vielleicht zuckt deine Schwester mit ihren Schultern, aber auf alle Fälle bewegen sie sich, wenn sie ein Wort betonen möchten. Du machst das bestimmt auch. Frag mal deine Eltern.

WICHTIGE STELLEN BETONEN

Nun gibt es in jedem Satz deines Referates ein oder zwei Worte, die sehr wichtig sind. Diese ein oder zwei Worte kannst du mit der Körpersprache betonen. Wenn du zum Beispiel sagst: »Ich rede heute über Wanderdünen«, dann willst du sicherlich nicht »ich« betonen oder »rede« oder »heute« und auch nicht »über«. Du möchtest betonen, dass du über »Wanderdünen« sprichst.

Ich spreche dir in Kapitel 15 auf der CD die folgenden Varianten einmal vor:

- »ICH rede heute über Wanderdünen.«
- »Ich REDE heute über Wanderdünen.«
- »Ich rede HEUTE über Wanderdünen.«
- »Ich rede heute ÜBER Wanderdünen.«
- »Ich rede heute über WANDERDÜNEN.«

Alles klar? Der letzte Satz mit der Betonung auf der Wanderdüne ist am sinnvollsten.

Also könntest du, wenn du das Wort »Wanderdüne« sagst, eine Hand oder deinen ganzen Arm bewegen. Vielleicht hebst du auch nur eine Augenbraue oder einen Finger. Tu einfach das, was dir am meisten liegt. Überlege dir vorher, welche Wörter besonders wichtig sind, und setze dort deine Körpersprache ein.

DAS GEHEN ALS KONZENTRATIONSHILFE

Wir haben ja bereits darüber gesprochen, dass das Gehen dir bei einem Blackout helfen kann. Aber es muss gar nicht erst zum Blackout kommen. Du kannst dich leichter konzentrieren, wenn du dich bewegst. Auch darüber haben wir schon gesprochen, aber hast du es bereits ausprobiert? Dann mach das mal, und zwar während du ein Gedicht auswendig lernst. Nimm das Buch in die Hand und geh in deinem Zimmer auf und ab, während du versuchst, dir das Gedicht einzuprägen. Es sollte viel leichter gelingen, als wenn du auf dem Bett sitzt und es dort lernst. Falls du allerdings feststellst, dass du dich im Stehen oder Sitzen besser konzentrieren beziehungsweise auswendig lernen kannst, dann vergiss diesen Tipp. Sehr vielen Schülern hilft das Gehen. Finde heraus, ob das bei dir auch der Fall ist.

Ich habe auch schon erwähnt, dass es nicht so schön ist, wenn du beim Referat die ganze Zeit hin und her gehst. Bitte leg deshalb ab und an eine Gehpause ein. Du weißt ja: Nichts ist so toll, dass du es immer machen solltest. Das gilt auch fürs

Gehen. Stell dir einfach vor, dass der Bereich zwischen Tafel und den ersten Bänken deiner Mitschüler die Bühne ist. Und auf dieser Bühne kannst du von links nach rechts gehen. Du kannst also einmal in Richtung Lehrerpult gehen, dann dort stehen bleiben und entweder deine Mitschüler oder deinen Lehrer ansehen, ein paar Sätze sagen und dann wieder in die andere Richtung gehen. Dort bleibst du wieder stehen.

Du kannst das Gehen zudem nutzen, um deine Mitschüler und deinen Lehrer zu überraschen. Und zwar indem du immer wieder anders gehst. Du kannst – so wie ich es vorgeschlagen habe – vorne hin und her gehen, du kannst aber auch durch die Klasse gehen. Du kannst mal links und mal rechts stehen bleiben oder auch mal in der Mitte. Du kannst mal nach vorne an die ersten Bänke treten und dann wieder zur Tafel gehen. Überraschungen sind immer gut. Das gilt auch für die Körpersprache und das Gehen.

Mit diesen Überraschungen kannst du dafür sorgen, dass deine Mitschüler wach bleiben und dir wirklich zuhören. Ein weiterer Vorteil ist, dass du automatisch langsamer redest, wenn du langsam gehst. Und da ruhiges Sprechen sehr stark wirkt, ist langsames Gehen für ein Referat gut geeignet. Es gibt sicher einige Schüler in deiner Klasse, die so schnell reden, dass du sie kaum verstehst. Wäre schön, wenn dir das nicht passieren würde – und es wird dir auch nicht passieren, wenn du deine Körpersprache immer dann einsetzt, wenn du ein Wort betonen möchtest, und wenn du ab und zu langsam hin und her gehst.

Abgesehen davon kannst du dein Lampenfieber mit dem Gehen schneller loswerden. Wenn du stocksteif stehen bleibst, ist das eher schwierig. Darüber hinaus kannst du leichter tief atmen. Dein Körper atmet beim Gehen automatisch tief in den Bauch. Und diese Bauchatmung sorgt dafür, dass du besser denken kannst und dich entspannst.

Du kannst mit dem Gehen auch gut eine Pause füllen. Du hast dir für dein Referat ja eine Reihenfolge ausgedacht. Um die einzelnen Punkte noch stärker hervorzuhaben, könntest du immer wieder eine Pause machen, bevor du zum nächsten Punkt übergehst. Einfach vorne stehen bleiben, ein paar Sekunden lang den Mund halten und dann erst über das neuen Punkt reden. Habe ich eben »einfach« gesagt? Einfach ist es nicht. Wenn du es mit dem Stehenbleiben nicht schaffst, dann kannst du in dieser Pause auch gehen. Und zwar wortlos von links nach rechts. Den einen Punkt hast du dann links beendet, während du den mächsten rechts beginnst. Übe auch das einmal zu Hause vor deinen Eltern, deinem Freund oder einem Spiegel. Übung macht schließlich den Meister.

DER KÖRPER FÜHRT, DIE STIMME FOLGT

Noch ein wichtiger Satz zum Thema Körpersprache (den ich beim Stimmtraining schon angesprochen habe): Der Körper führt, die Stimme folgt. Das bedeutet, dass du automatisch langsam sprichst, wenn du langsam gehst. Das bedeutet auch, dass du höher sprichst, wenn du deine Hände oberhalb deines Bauchnabels bewegst. Bewegst du deine Hände ganz schnell und zackig, dann klingt auch deine Stimme so. Und wenn du deine Hände ganz weich bewegst, dann überträgt sich das ebenfalls auf die Stimme. Nun ist die Frage, welche Stimme am besten zu deinem Referatsthema passt. Falls du

über den Film *Fluch der Karibik* sprechen sollst und ganz spannend davon erzählst, dann könnte eine zackige Körpersprache genau richtig sein. Falls du allerdings ein trauriges Gedicht vorliest, dann ist eine ruhige Stimme passender. Und das bekommst du mit einer ruhigen Körpersprache hin.
Hör dir dazu bitte das Kapitel 16 auf der CD an.

Wichtig

- **Gehen hilft beim Denken und auch gegen Lampenfieber.**
- **Es gibt eine starke und eine schwache Körpersprache. Beide sind in unterschiedlichen Situationen passend.**
- **Es gibt keine falsche und keine richtige Körpersprache.**
- **Bewege deinen Körper, wenn du etwas betonen möchtest.**
- **Du entscheidest, ob du dich bewegen möchtest oder nicht.**

ROCK DAS KLASSENZIMMER

Wenn jemand Präsenz hat, dann bedeutet das, dass diese Person wahrgenommen wird. Du kennst das bestimmt aus deiner Klasse. Da gibt es ein paar Mitschüler, die kommen ins Klassenzimmer und keinem fällt es auf. Sie haben sich so leise reingeschlichen und auf ihren Platz gesetzt, dass es niemand bemerkt hat. Genauso gibt es Lehrer, die in die Klasse kommen und auf einmal zu schimpfen anfangen, weil ihr gar nicht leise werden wollt – dabei hast du gar nicht mitbekommen, dass sie schon da sind.

Und dann wiederum gibt es Lehrer, die betreten das Klassenzimmer und sofort seid ihr ruhig. Oder Schüler, bei denen sich jeder umdreht, sobald sie das Klassenzimmer betreten. Sie sind einfach da, sie sind präsent. Sie werden gesehen und man hört ihnen zu.

Präsenz heißt, dass du dich im Hier und Jetzt spürst. Manchmal ist es sicherlich so, dass du in Gedanken noch zu Hause bist. Vielleicht hast du dich mit deiner Mutter gestritten und denkst noch über diesen Streit nach. Wenn du mit deinen Gedanken in der Vergangenheit bleibst, dann bist du nicht im Hier und Jetzt. Und das bedeutet, dass du nicht präsent bist.

Falls du das Klassenzimmer betrittst und in Gedanken schon beim morgigen Tag bist, weil du morgen Geburtstag hast, dann bist du mit deinen Gedanken in der Zukunft, nicht im Hier und Jetzt.

Das Gleiche gilt, wenn du morgens bereits darüber nachdenkst, gegen welche Fußballmannschaft du am Nachmittag spielen wirst. Oder wenn du während des Unterrichts darüber nachdenkst, was du deiner Freundin in der Pause erzählen möchtest. Auch in diesen Fällen bist du nicht im Hier und Jetzt. Und das bedeutet, dass du nicht präsent bist.

PRÄSENT SEIN LEICHT GEMACHT

Es ist relativ einfach, präsent zu sein. Schau dich im Hier und Jetzt um, schau dir das Klassenzimmer an, schau dir deine Mitschüler an, die schon da sind, und hole deine Hefte heraus, die du für diese Stunde brauchst. Spüre genau, wie du auf dem Stuhl sitzt, und freu dich darüber, dass du genau jetzt, in diesem Moment hier in diesem Klassenzimmer sitzt.

Auch beim Sprechen hilft Präsenz. Manchmal reden wir, während wir mit den Gedanken abschweifen. Kleines Beispiel: Du ärgerst dich darüber, dass dein Sitznachbar von dir abschreiben will. Und das will er nur, weil er selbst zu faul war, seine Hausaufgaben zu machen. Wenn du ihm jetzt antwortest, in dem Moment aber gleichzeitig darüber nachdenkst, dass du ihm das schon zehn Mal gesagt hast, dann bist du mit deinen Gedanken in der Vergangenheit. Und ich kann dir jetzt schon sagen, dass deine Antwort auch dieses Mal nicht bei deinem Sitznachbarn ankommen wird.

Wenn du möchtest, dass jemand dir wirklich zuhört, dann sei mit deinen Gedanken bei dem Satz, den du gerade sagst. Wenn du mit den Gedanken woanders bist, zeigst du deutlich, dass der Satz, den du gerade aussprichst, nicht wichtig ist. Denn wäre er wichtig, würdest du mit deinen Gedanken bei diesem Satz bleiben. Und wenn du schon so deutlich zeigst, dass du deinen eigenen Satz unwichtig findest, warum sollte ihn dann jemand anders wichtig finden? Du erinnerst dich? Dieses Thema hatten wir schon im Kapitel »Bring es auf den Punkt«.

Das Gleiche gilt, wenn du mit deinen Gedanken schon zu sehr in der Zukunft bist. Das passiert dir zum Beispiel dann, wenn dein Lehrer dir eine Frage stellt und du noch nicht weißt, was du antworten sollst. Doch statt erst zu überlegen und dann zu antworten, sprudelt der erste Satz bereits aus deinem Mund, während du noch überlegst, was du sonst noch sagen könntest. Auch hier bist du mit deinen Gedanken nicht bei dem Satz, den du gerade aussprichst. Merke: Der Satz, den du gerade aussprichst, ist der wichtigste in deinem ganzen Leben.

Konzentriere dich immer auf den Satz, den du gerade sagst. Falls du darüber nachdenken möchtest, was du eventuell nach diesem wichtigen Satz sagen könntest, oder falls du darüber nachdenken möchtest, was du früher auf so eine Frage geantwortet hast, dann mach eine Pause. Zum Nachdenken sind die Pausen da und es ist überhaupt nicht schlimm, eine Pause zu machen. Ich weiß, dass Lehrer immer schnell eine Antwort haben möchten. Antworte aber trotzdem erst, wenn du wirklich weißt, was du sagen möchtest. Nur so kannst du dich auf deinen aktuellen Satz konzentrieren. Nur so bist du beim Sprechen präsent. Und dann wird man dir gern zuhören. Das ist cool.

Was allerdings nicht passieren sollte, ist, dass du auf einmal fünf Minuten brauchst, um eine perfekte Antwort zu finden.

Denn das meine ich damit nicht, schließlich sind deine Gedanken und Ideen ja gut und richtig. Und selbst wenn du mal nicht weißt, was du sagen sollst, dann sprich einfach das, was dir gerade durch den Kopf geht, überzeugend aus. Und das schaffst du locker, wenn du diesen Satz als den wichtigsten Satz in deinem ganzen Leben betrachtest und dadurch völlig im Hier und Jetzt bist. Es geht nicht so sehr darum, dass du etwas ganz Tolles sagst, sondern darum, dass du es toll findest. Das Nonplusultra ist natürlich, dass du überzeugend etwas Tolles sagst, das du darüber hinaus auch noch selbst gut findest. Dann hast du allen Grund, stolz auf dich zu sein, und kannst dich über gute Noten freuen, denn auch dein Lehrer wird es gut finden, wenn du einen prima Inhalt stark erzählst.

Darüber hinaus gibt es aber noch weitere Übungen, um deine Präsenz aufzubauen. Mit diesen Übungen wirst du dich im Hier und Jetzt noch mehr spüren. Und je stärker du dich spürst, desto eher nehmen dich die anderen wahr.

DIE AFFENTROMMEL

Diese Übung ist so dermaßen albern, dass du dir genau überlegen solltest, ob du dabei Zuschauer haben möchtest. Doch so albern die Affentrommel auch ist, sie ist unglaublich erfolgreich!

Du hast wahrscheinlich sofort einen Gorilla vor Augen, der seine Brust nach vorn wölbt und mit beiden Fäusten daraufschlägt. So ungefähr wirst du das auch machen, nur dass du den Brustkorb nicht nach vorne wölbst und auch nicht mit den Fäusten zuschlägst.

Die Affentrommel ist eine Atemübung, eine Präsenzübung und eine Entspannungsübung. Sie wird dir dabei helfen, deinen ganzen Körper zu spüren. Und das bedeutet, dass du ab sofort immer wahrgenommen wirst, wenn du das Klassenzimmer betrittst. Genial, oder? Aber natürlich nur dann, wenn du es willst.

Ich mache dir die Affentrommel in Kapitel 17 auf der CD vor. Du kannst es dir anhören oder einfach weiterlesen und es selbst ausprobieren.

Also legen wir los: Du klopfst zuallererst mit beiden Händen deinen Brustkorb ab und versuchst dabei, so stark wie möglich zu entspannen. Klopfe deine Muskeln weich. Zwar brauchst du ein paar Muskeln zum Stehen, aber die restlichen sollten entspannt und locker sein. Klopfe so lange auf den Brustkorb, bis er warm wird, zu kribbeln anfängt und du der Meinung bist, dass du ihn nicht weiter entspannen kannst.

Danach gehst du zum Bauch. Auch hier klopfst du wieder so lange, bis er so entspannt ist wie möglich. Nimm dir Zeit für diese Übung. Du kannst meist immer noch ein Stückchen mehr entspannen, als du am Anfang denkst.

Vom Bauch wanderst du zu den Oberschenkeln, bevor du runter zu den Schienbeinen gehst. Ich gebe zu, es ist nicht ganz einfach, die Schienbeine zu entspannen, aber es geht – zumindest ein bisschen. Wenn du die Füße erreicht hast, greifst du mit den Händen nach hinten und klopfst die Waden weich. Vergiss nicht, dass du überall so stark wie möglich entspannen willst. Hat das bisher immer geklappt, machst du bei den Rückseiten der Oberschenkel weiter, dann bei deinem Hintern und schließlich beim unteren Rücken. Falls du diese Übung mit einer Freundin machst, dann könnt ihr euch auch noch gegenseitig auf den oberen Rücken klopfen. Und zwar genau dort, wo ihr selbst nicht hinkommt. Danach geht es wieder allein weiter und du klopfst deine Arme ab. Und dann – ganz wichtig – stampfst du fest auf! Mit jedem Fuß. Es soll richtig knallen, damit du deine Füße besonders stark spürst.

Und? Spürst du deinen Körper? Bist du entspannt? Gut! Wenn du dich so fühlst, wenn du über den Schulhof gehst, wird dich bestimmt niemand übersehen und auch niemand für schwach halten. Auf der CD mache ich die Affentrommel übrigens in zwei Varianten vor. Einmal mit und einmal ohne Stimme. Probiere einfach beide aus und lies danach weiter.

Dieses Körpergefühl hält circa 20 Minuten an. Das bedeutet, dass du die Affentrommel schon vor dem Unterricht machen kannst – vielleicht in der großen Pause in einer stillen Ecke des Schulhofs, wo dich niemand sieht. Oder du machst die Affentrommel auf der Toilette. Dort im Vorraum gibt es meistens genug Platz. Falls dort jemand steht und sich wundert oder sogar lacht, ignorier ihn einfach! Es ist deine Entscheidung, ob du diese Übung mit oder ohne Publikum machen möchtest. Tatsache ist, dass du danach stark auftreten kannst, und das ist das Wichtigste.

KÄNGURUSCHWANZ, HULK UND ENGELSFLÜGEL

Nun verrate ich dir noch eine Übung, die allein mithilfe deiner Fantasie funktioniert. Das bedeutet, dass du dafür keine stille Ecke brauchst.

Diese Präsenzübung ist ähnlich albern wie die Affentrommel und genauso erfolgreich. Ich werde dir gleich drei Bilder vorstellen und du schaust einfach mal, welches du dir vorstellen kannst – vielleicht eines, vielleicht alle. Falls du mit allen klarkommst, dann kannst du in jeder Situation entscheiden, welches Bild dir am meisten hilft.

Hier also das erste Bild: Stehe aufrecht und stell dir vor, du hättest einen Känguruschwanz. Hast du ein Känguru vor Augen? Die haben einen richtig großen, langen Schwanz, mit dem sie nicht wedeln wie ein Hund, sondern auf dem sie sogar stehen. Falls du nicht weißt, wie ein Känguru aussieht, dann geh mal ins Internet und google es.

Wenn du weißt, wie ein Känguru aussieht, dann stell dir nun vor, dass aus deinem Hintern genau so ein Känguruschwanz wächst und du dich dadurch – leicht – nach hinten lehnen kannst. Du stehst sozusagen auf drei Beinen. Auf deinen eigenen beiden und zusätzlich noch auf dem Känguruschwanz. Bitte lehne dich aber nicht zu weit zurück. Das würde komisch aussehen. Abgesehen davon würdest du die Bauchmuskeln anspannen und dann bekommst du die tiefe Atmung nicht mehr hin. Lehn dich nur ganz leicht zurück, das verleiht dir sofort einen sicheren Stand! Und den brauchst du, wenn du einem älteren Schüler sagst, dass er dich in Ruhe lassen soll.

Jedes Mal, wenn du dich unsicher fühlst, aber trotzdem eine starke Körpersprache haben möchtest, dann lehn dich einen Tick nach hinten gegen den Känguruschwanz. Es ist egal, ob du breitbeinig auf beiden Beinen stehst oder ein Bein leicht anwinkelst. Das Entscheidende ist, dass du dir beim Reden vorstellst, wie dieser Känguruschwanz den Boden berührt. Und auch wenn es jetzt beim Erklären albern klingt – probier es aus. Du wirst begeistert sein!

Das nächste Bild für mehr Präsenz sind die Engelsflügel. Diese Flügel sind riesengroß. Sie ragen weit über deinen Kopf und reichen fast bis zum Boden. Die Flügel sind auch richtig schwer, so wie ein großer Rucksack, nur dass du dich nicht nach vorne beugen musst, um sie zu halten. Durch die schweren Flügel werden deine Schultern nach unten gedrückt und du stehst automatisch viel aufrechter und gehst auch aufrechter. Und komm jetzt bloß nicht auf die Idee, dass das uncool sein könnte. Surf mal im Internet und schau dir Fotos von Ben Afflek und Matt Damon in dem Film *Dogma* an. Da haben die beiden große Flügel und sehen richtig cool damit aus.

Ebenfalls schön ist, dass du mit den Engelsflügeln langsamer reden kannst. Gerade am Anfang und am Ende des Referats ist das sehr hilfreich. Wenn du merkst, dass du zu schnell wirst, dann bewege einfach sanft deine Schulterblätter und die Flügel bewegen sich hin und her. Mach die Bewegung aber bitte so klein, dass es niemand sehen kann, oder stell dir die Bewegung nur vor. Die langsame Bewegung der Flügel sorgt dafür, dass du langsamer redest.

Und noch etwas ist genial: Wenn du die Engelsflügel anhast, dann gehen dir die Leute aus dem Weg. Probier das einfach mal aus und geh mit den Flügeln über einen vollen Marktplatz oder durch den Hauptbahnhof. Normalerweise musst du einen Zickzackkurs einschlagen, um den vielen Menschen auszuweichen. Aber heute nicht, heute wird man dir ausweichen, besonders wenn du dir die Engelsflügel ganz groß und stark vorstellst.

Sobald du dich allerdings fragst: »Na, funktioniert das auch?«, wird es ganz sicher nicht funktionieren. Glaube und Vertrauen sind in diesem Fall alles.

Als drittes Bild habe ich schließlich das Wachsen, was besonders gut ist, wenn du dich gegen größere und ältere Schüler durchsetzen möchtest. Stell dir vor, dass du wie die Comicfigur Hulk plötzlich größer und stärker wirst. Der Hulk wird darüber hinaus auch noch grün, das kannst du weglassen. Aber du wirst groß und stark. Falls du dir Hulk nicht vorstellen kannst, dann nimm Shrek. Und falls du den Film *Der verrückte Professor* mit Eddie Murphy gesehen hast, erinnerst du dich vielleicht noch an die Szene, in der die Wirkung seiner Tabletten langsam nachlässt und erst sein großer Zeh und dann der ganze Fuß dicker werden. So werden wir es uns auch gleich vorstellen, wenn wir gemeinsam Schritt für Schritt wachsen. Leg dazu die CD ein und hör dir Kapitel 18 an.

Und los geht's: Stehe aufrecht und stell dir vor, dass deine Füße wachsen. Die Fersen werden größer und beulen sich nach hinten aus. Deine Füße wachsen zur Seite und nach vorn. Sie hören erst wieder auf zu wachsen, wenn sie bei Schuhgröße 45 oder 50 angelangt sind. Du hast richtig große Plattfüße. Schwimmflossen sind ein Witz dagegen. Die Waden wachsen natürlich auch, sie werden richtig breit und muskulös. Die Oberschenkel wachsen nach oben und gehen in die Breite! Und dein Hintern wird richtig dick.

Deine Wirbelsäule wächst ebenfalls und zieht dich nach oben, bis du zwei Meter groß bist. Wenn du jetzt auf andere herabsiehst, dann ist das nicht böse gemeint. Du bist einfach viel größer als alle anderen. Zudem bekommst du einen dicken Stiernacken, die Schultern werden richtig breit. Dazu brauchst du natürlich die passenden Arme – sie werden unglaublich muskulös und die Hände sind wie Schaufeln. Jetzt kannst du problemlos fünf Gläser in einer Hand halten. Deine Mutter braucht nie wieder ein Tablett.

Zum Schluss denkst du wieder hauptsächlich an deine großen Plattfüße. Du willst dich ja im Hier und Jetzt spüren und dazu gehört auch, dass du dich von Kopf bis Fuß spürst. Fühlst du, wie schwer dein Körper ist und wie groß? Versuch mal, damit durch dein Zimmer zu gehen. Das fühlt sich gleich ganz anders an als mit den Engelsflügeln.

Beweg dich jetzt aber bitte nicht wie Godzilla. Denn nur weil du dich schwer fühlst, musst du noch lange nicht wie ein Roboter laufen. Bewege dich so normal wie möglich und gehe bitte auch so normal wie möglich. Stell dir nur vor, dass du schwerer bist – und größer. Dein Vater ist ja auch größer und schwerer und bewegt sich nicht wie Godzilla.

Probiere einfach alle drei Bilder aus. Der Känguruschwanz ist perfekt, wenn du vorne an der Tafel ruhig stehen möchtest. Allein der Gedanke an den Känguruschwanz lenkt dich davon ab, ständig mit deinen Füßen zu kippeln oder an deiner Jeans beziehungsweise an deinem Pullover herumzuzupfen.

Die Engelsflügel sind super, wenn du durch die Gegend gehst, aber nicht so ernst wirken möchtest. Mit ihnen bist du präsent, wenn du mit deiner Lehrerin redest oder wenn du zum Schulleiter musst. Du wirkst dadurch stark, aber nicht bedrohlich.

Den Hulk solltest du vor allem dann wählen, wenn du dich mit älteren und größeren Schülern unterhältst, die nicht nett zu dir sind. Mach dich in Gedanken groß, und wenn du dir das mit aller Kraft vorstellt, dann wirst du präsenter sein und nach außen stark wirken. Du wirst also kein typisches Opfer mehr sein und die älteren Schüler werden dich ernst nehmen, wenn du sagst: »Lass das, ich will das nicht!«

Wichtig

- **Rock das Klassenzimmer, indem du im HIER und JETZT bleibst oder die Affentrommel machst.**
- **Die Engelsflügel, der Känguruschwanz und der Hulk machen dich präsent.**

SCHLAG DICH MIT WORTEN

Ich persönlich würde es schön finden, wenn wir uns gar nicht schlagen würden – weder mit Worten noch mit Fäusten. Stehe ich jedoch vor der Wahl, sind mir die Worte dann doch lieber. Trotzdem bedeutet schlagfertig sein letztendlich, dass man sich schlägt. Entweder dass du jemanden schlägst oder dass ein Mitschüler dich schlägt. Auch wenn nur mit Worten geschlagen wird, Schläge bleiben es trotzdem. Und du weißt bestimmt aus eigener Erfahrung, wie sehr manche Worte verletzen können. Wenn jemand zu dir sagt, dass du hässlich bist, dann tut das weh. Vor allem wenn es jemand sagt, den du magst. Du kannst dich bestimmt an einige Sprüche erinnern, die dir wehgetan haben, egal ob sie von deinen Eltern, von deinen Freunden, von deinen Mitschülern oder von deinem Lehrer gekommen sind.

Schlagfertigkeit ist daher ein Wort, das ich nicht besonders mag, eben weil wir dabei vom Schlagen reden. Und ich persönlich finde, dass Schlagen keine Lösung ist. Es ist natürlich immer deine Entscheidung. Du kannst dich mit Worten oder mit Fäusten wehren, wenn jemand dich angreift, aber ich glaube, dass es in den meisten Fällen nichts bringt. Ich habe mich darüber mit einem Jungen aus der 5. Klasse unterhalten, der meinte, dass er seinen Mitschüler einfach zusammenschlägt, wenn er ihn beleidigt. Und je stärker er zuschlägt, desto eher wird der andere ihn nie wieder beleidigen. Vielleicht ist das – noch – auch deine Meinung. Du denkst: »Der hat mir wehgetan, also tue ich ihm auch weh.«

Die Frage ist aber, ob das wirklich etwas bringt. Ist es tatsächlich so, dass du dann deine Ruhe hast, wenn du jemanden schlägst? Meistens ist es doch eher so, dass der andere sich rächen will. Und dann wird er irgendwann – mit Worten oder mit Fäusten – zurückschlagen. Und dann wirst du wieder zuschlagen. Dann er wieder, dann du, dann er wieder ... Puh, wie anstrengend. Und jeder von euch denkt, dass der andere bestimmt aufhört, wenn ihr nur fest genug zuschlagt.

Meine Erfahrung hat gezeigt (und ich bin alt, ich habe viel Erfahrung): Es hilft nicht. Es bleibt ein Krieg über die ganze Schulzeit hinweg. Und wenn du erst einmal aus der Schule draußen bist, geht das immer so weiter. Willst du wirklich immer Krieg führen? Ist es nicht schöner, mit den Leuten Spaß zu haben oder überhaupt Spaß zu haben?

Und komm jetzt nicht mit dem Spruch: »Ich will ja Frieden. Der hat doch angefangen.« Das mag schon sein, aber du kannst der Erste sein, der nicht zurückschlägt. Ich werde dir Tricks zeigen, wie du nicht schlägst und trotzdem gewinnst. Ist das ein Deal? Selbst wenn ich das Wort »schlagfertig« benutze, werden es Sprüche sein, die den anderen nur sprachlos machen, ihn aber nicht verletzen.

Wenn du die anderen Kapitel schon durchgearbeitet hast, dann kannst du mittlerweile stark auftreten. Mit einer starken Körpersprache und mit Präsenz. Nur was ist, wenn das nicht reicht? Was, wenn dich zum Beispiel zwei Schüler aus den oberen Klassen vor dem Schuleingang so richtig blöd anmachen, mit Sprüchen wie: »Wie hast du vor deinem Unfall ausgesehen?« Oder wenn sie dich mit Schimpfwörtern wie Bastard, Lusche, Streber und Weichei versuchen zu verletzen?

Da stellt sich die Frage, was du in so einem Fall antworten kannst beziehungsweise ob du überhaupt antworten musst. Vielleicht ist manchmal Schweigen besser.

TAKTIK EINS: IGNORIER DEINEN ANGREIFER

Gehen wir mal direkt in die Situation rein: Dir kommt jemand mit einem blöden Spruch und sein Ziel ist, dass du dich aufregt, dass du Angst bekommst oder dass du anfängst zu weinen. Diese älteren, größeren, coolen Schüler wollen, dass du dich klein fühlst. Dabei spielt es keine Rolle, ob sie wirklich älter, größer oder cooler sind. Es spielt auch keine Rolle, ob es ein Junge oder ein Mädchen ist. Meistens treten sie ohnehin in Gruppen auf, denn gemeinsam macht es ja viel mehr Spaß, andere Schüler zu ärgern. Wenn also zwei, drei oder vier von diesen Schülern auf dich zukommen, dann kannst du ihnen den Gefallen tun und Angst bekommen, weinen oder ihnen sonstwie zeigen, dass ihre Worte dich verletzt haben. Das ist genau das, was sie brauchen, um sich noch stärker und noch cooler zu fühlen.

Wenn du ihnen diesen Gefallen aber nicht tun möchtest, und davon gehe ich aus, dann bleibst du stark. Zeige ihnen nicht, dass du Angst hast. Schau ihnen direkt in die Augen und dann schau gelangweilt wieder weg. Du kannst in die Ferne schauen, andere Schüler ansehen oder dich einfach wegdrehen. Mit »gelangweilt schauen« meine ich nicht, dass du die Augenbrauen hochziehst oder verächtlich den Mundwinkel verziehst. Denn damit würdest du signalisieren, dass du sie doof findest, und das wiederum würde dazu führen, dass dich die älteren Jungs und Mädchen erst recht fertigmachen wollen. Mit gelangweilt meine ich, dass du so guckst, als würde es dich nicht interessieren. Und genau das zeigst du auch. Die Tatsache, dass diese Gruppe dich anspricht und einen Bastard nennt, ist für dich genauso spannend, wie wenn deine Freundin in einem Supermarkt einen Schokoriegel fallen lässt. Beides ist völlig uninteressant.

Wenn du das schaffst und einfach weitergehst, dann musst du nicht antworten. Denn was die Gruppe erreichen wollte, hat sie nicht erreicht. Selbst wenn sie dir folgen, um dich herumgehen, dich schubsen und immer wieder ansprechen – bleib kurz stehen, schau sie einfach nur an und geh danach ruhig weiter. Da sie es nicht geschafft haben, dass du dich aufregst oder weinst, hast du gewonnen! Wenn du ihnen nicht das gibst, was sie gern hätten, dann wird es irgendwann langweilig und sie werden sich ein anderes Opfer suchen.

TAKTIK ZWEI: ÜBERRASCHE DEINEN ANGREIFER

Hier noch eine weitere Möglichkeit: Überrasche deine Angreifer damit, dass du ihnen zustimmst. Aber bitte auch dabei immer schön ruhig, fast schon gelangweilt bleiben. Wenn sie dir zurufen »Da kommt ein Weichei«, dann kannst du sagen: »Stimmt. Das hast du gut erkannt.« Und dann gehst du weiter. Ich kann mir gut vorstellen, dass es dir widerstrebt, jemandem zuzustimmen, der dich gerade beleidigt hat.

Natürlich ist es dein gutes Recht, dich darüber aufzuregen. Behalte aber im Hinterkopf, dass die blöden Schüler ja genau das erreichen wollen. Du könntest im ersten Moment vielleicht auch denken, du tust ihnen einen Gefallen, wenn du ihnen zustimmst. Doch das ist nicht der Fall, da sie deine Zustimmung gar nicht haben wollen. Du tust ihnen also weder einen Gefallen noch macht ihnen diese Art von Provokation Spaß. Folglich werden die sich in ein paar Tagen oder Wochen nach einem anderen Opfer umschauen. Denn diese bösen Schüler machen nur etwas, das ihnen Spaß macht. Und es macht keinen Spaß, wenn du ihnen recht gibst und entspannt weitergehst. Du kannst ihnen auch zustimmen und dann lachend weitergehen. Wenn du richtig herzhaft lachst, dann entspannt dich das sehr. Diesen Effekt kennst du bestimmt aus einer Situation, in der du eigentlich traurig warst, aber irgendjemand dich trotzdem zum Lachen gebracht hat. Danach ging es dir gleich viel besser. Lachen entspannt dich also und du kannst ruhig weitergehen. Mach dies aber nur, wenn du auf Kommando von Herzen lachen kannst. Wenn du nur kicherst, dann wirkt das wieder schwach. Das hatten wir schon bei der Körpersprache besprochen. Übe mit deinem besten Freund oder deiner besten Freundin, herzhaft zu lachen, selbst wenn dir nicht zum Lachen zumute ist. Wenn du das gut kannst, dann ist das eine super Möglichkeit, um noch stärker zu wirken in so einer schwierigen Situation.

Die Gruppe wird nämlich verwundert sein. Sie werden nicht verstehen, warum du gerade gelacht hast. Und wenn du darauf achtest, dass du wirklich von Herzen lachst und sie nicht auslachst, dann wird die Gruppe dich wahrscheinlich einfach weitergehen lassen. Du merkst schon, dass bei der Schlagfertigkeit auch mit der Überraschung gearbeitet wird – genauso wie beim Anfang und beim Ende des Referats. Überraschungen sind immer gut. Damit fällst du auf, damit machst du andere sprachlos, damit wirkst du stark.

Häufig benutzen ältere Schüler Wörter, die sie gar nicht kennen. Sie plappern einfach nach, was sie irgendwo gehört haben. Gern wird beispielsweise das Wort »Bastard« benutzt, obwohl viele gar nicht wissen, was ein Bastard ist.

Ein Bastard ist ein Kind, dessen Eltern nicht verheiratet sind. Das war früher, als dieses Wort als Schimpfwort benutzt wurde, ganz schlimm. Wenn eine Frau vor 100 Jahren schwanger wurde, musste sie verheiratet sein. Heutzutage ist es aber nicht mehr ungewöhnlich, dass eine Frau ein Baby bekommt, ohne einen Ehemann zu haben. Ganz viele Paare wollen nicht heiraten und bekommen trotzdem gemeinsam Kinder. Sie leben wie eine richtige Familie zusammen, ohne jedoch verheiratet zu sein. Die Kinder sind somit Bastarde. Das ist nichts Schlimmes. Wenn dich also jemand einen Bastard nennt, kannst du sagen: »Stimmt nicht. Meine Eltern sind verheiratet.« Das wird den anderen überraschen, weil er wahrscheinlich gar nicht weiß, was das Wort überhaupt bedeutet. Es ist also immer gut, ein bisschen schlauer zu sein als die anderen. Und selbst wenn du beim ersten Mal noch nicht weißt, was ein Bastard ist, kannst du es zu Hause nachlesen und dann beim nächsten Mal entsprechend antworten. Verlass dich darauf, dass die immer die gleichen Worte und Sprüche benutzen. Und das ist doch klasse: Die blöden Sprüche von älteren Schülern oder bösen Mitschülern machen dich schlauer.

Falls deine Eltern wirklich nicht verheiratet sind, kannst du ihnen wieder zustimmen: »Richtig. Woher weißt du, dass meine Eltern nicht verheiratet sind?« Dann lächelst du noch einmal anerkennend und gehst entspannt weiter. Wenn er nicht weiß, was ein Bastard ist, dann wird ihn deine Antwort ebenfalls sprachlos machen. Und das ist dein Ziel. Werden hingegen Worte benutzt, die jeder kennt, kannst du zu einem anderen Trick greifen: Überrasche sie mit Fragen.

Wenn zum Beispiel eine ältere Schülerin auf dich zukommt und behauptet, du wärst eine blöde Kuh, dann kannst du sie neugierig anschauen und fragen: »Echt? Sieht so eine blöde Kuh aus? Welcher Teil an mir sieht denn einer Kuh am ähnlichsten? Die Nase, die Ohren, meine Beine? Was sieht denn noch wie eine blöde Kuh aus? Der Baum da hinten? Oder nur ich? Woher weißt du, wie eine blöde Kuh aussieht? Cool, du bist so schlau.«

Dieses Spiel kannst du immer weitertreiben, indem du auf alles Mögliche in deiner Umgebung zeigst und immer wieder fragst, ob das auch eine blöde Kuh ist. Glaub mir, die ältere Schülerin wird ganz schnell die Lust verlieren, weil es ihr keinen Spaß macht, dir all diese Fragen zu beantworten. Und selbst wenn sie immer wieder sagt: »Gott bist du doof. Du bist doch die blöde Kuh. Du bist echt dämlich«, dann macht das trotzdem keinen Spaß, weil du dich nicht aufregst. Falls dir also mal nichts einfällt, was du spontan antworten kannst, dann nimm einfach das Wort, das zu dir gesagt wurde, und stell Fragen, Fragen, Fragen ...

»Selber doofe Kuh« zu der älteren Schülerin zu sagen ist nicht sonderlich schlagfertig. Das zeigt ihr nur, dass dich ihre Aussage verletzt hat und du nun nicht weißt, was du antworten sollst. Damit hat sie gewonnen. Es ist für dich viel lustiger, wenn du nichts sagst, Fragen stellst, mit deinem Wissen punktest oder ihr zustimmst. Mach sie sprachlos.

TAKTIK DREI: NUTZE DIE KRAFT DEINES ANGREIFERS

Und ich verrate dir noch einen Trick, wie du sehr schlagfertig reagieren kannst. Auch hier nimmst du wieder die Kraft und die Worte deines Gegners auf und spielst diese zurück. Falls du schon mal Kampfsport gemacht hast, kennst du diese Art der Verteidigung. Beim Aikido wird zum Beispiel die Kraft des Gegners genutzt, um ihn selbst zu Fall zu bringen. Allein hättest du es vermutlich nicht geschafft, aber wenn du seine Kraft nutzt, dann geht es ganz einfach. Und deswegen ist es möglich, dass ein zierliches Mädchen einen größeren Jungen zu Boden werfen kann. Sie nutzt nicht ihre Kraft, sondern seine.

Die Kraft des Gegners nutzen kannst du auch beim Reden: Wenn du kleiner und schwächer bist als dein Angreifer, dann ist es einfacher, die Worte des Gegners zu nutzen und sie zurückzuspielen. In diesem Fall hörst du vielleicht: »Schau dir mal den Zwerg an. Der läuft ja schnarchig. Der schläft ja ein beim Gehen.« Nun könntest du ganz langsam an dem Schlaumeier vorbeigehen und sagen: »Gerade weil ich so schnarchig gehe, kann ich wunderbar die Natur genießen und nette freundliche Menschen grüßen. In diesem Sinne: Hallo!« Und dann gehst du an ihm vorbei.

Du bleibst nicht stehen, du suchst nicht das Gespräch, du nimmst einfach nur die Worte auf, die du gehört hast, und antwortest mit den Worten »Gerade weil ...«. Wenn du als Mädchen zum Beispiel hörst: »Schau mal die Blondine. Die sieht ja schon von Weitem richtig doof aus«, dann kannst du antworten: »Gerade weil ich so doof bin, verstehe ich überhaupt nicht, was du mir sagen willst. Aber ich wünsche dir trotzdem einen schönen Schultag.«

Auch hier sieht es im ersten Moment so aus, als ob du dem Schlaumeier recht gibst, als ob du die Schwächere wärst. Du schaffst es damit aber, ihn oder sie sprachlos zu machen. Selbst wenn sie erst einmal über deine Antwort lachen, sind sie doch überrascht und sprachlos. Dadurch kommst du heil und mit einem Lächeln aus dieser blöden Situation heraus. Mit anderen Worten: Du hast gewonnen. Du bist selbstbewusst aus der Situation gegangen und darfst dich von deinen Mitschülern bewundern lassen.

Was auch richtig Spaß macht, ist eine Antwort, die mit »Gerade weil« anfängt und dann richtig unsinnig aufhört. Deiner Fantasie sind dabei keine Grenzen gesetzt. So könnte deine Antwort auf den ersten Spruch (»Schau mal den Zwerg an ...«) folgendermaßen lauten: »Gerade weil ich ein Zwerg bin, kommt kein Hase mit mir mit, ein Riesenvorteil. Denk mal darüber nach.« Und dann gehst du weiter. Oder du sagst: »Gerade weil ich ein Zwerg bin, schnarche ich besonders schön. Denk mal darüber nach.«

Du kannst jeden Blödsinn erzählen, der dir einfällt. Fang einfach mit »Gerade weil« an, wiederhole ein oder zwei Worte, die dein Gegner gesagt hat, und vervollständige den Satz dann so, dass etwas völlig Unsinniges herauskommt, etwas, das überhaupt keinen Sinn ergibt. Und zum Schluss sagst du noch: »Denk mal darüber nach.« Das ist sehr lustig. Und glaub mir: Es weiß kaum jemand, was er darauf antworten soll.

Übe das am besten mit einem guten Freund. Ihr wisst ja selbst am besten, mit welchen Sprüchen ihr in der Schule geärgert werdet. Der eine sagt die bösen Sprüche und der andere

- geht wortlos weiter,
- stimmt zu und lacht,
- stellt lauter Fragen oder
- antwortet mit »Gerade weil ...«.

»Gerade weil« ist auch dann genial, wenn du bei deinen Eltern, deinen Lehrern oder deinen Freunden etwas durchsetzen möchtest. Nehmen wir als Beispiel an, dass du gern Fußball spielen möchtest, aber dein Freund keine Lust dazu hat. Deswegen sagt er: »Ja, aber wir sind doch nur zu zweit.« Dann antwortest du: »Gerade weil wir nur zu zweit sind, können wir wunderbar Elfmeterschießen üben.« So leicht gibt dein Freund aber nicht auf. Er sagt daraufhin: »Ja, aber es regnet doch.« Daraufhin erwiderst du: »Gerade weil es regnet, sollten wir üben. Bei schönem Wetter können alle gut spielen. Aber wir können später auch dann gut treffen, wenn es mal regnet.«

Du merkst, wie es ihm den Wind aus den Segeln nimmt, wie man so schön sagt. Dein Freund möchte nicht Fußball spielen, sagt aber nicht einfach nur Nein, sondern gibt auch Gründe an, warum er keine Lust hat. Wenn du bei jedem Grund mit einem »Gerade weil« konterst, dann wird dein Freund langsam, aber sicher keine Gründe mehr finden. Es könnte also sein, dass er dann doch mit dir allein im Regen Fußball spielt.

Genauso kann das bei deinen Eltern klappen. Ein typisches Beispiel: Du möchtest gern einen Hund haben, aber deine Eltern sind dagegen. Sie kommen mit dem Argument, dass du dich ja doch nicht um das Tier kümmern wirst und alle Arbeit dann an deiner Mutter hängen bleibt. Dann sagst du: »Gerade weil ihr denkt, dass ich mich nicht um den Hund kümmern werde, sollten wir uns einen Hund kaufen. So kann ich euch beweisen, dass ich sehr wohl Verantwortung übernehmen kann. Ich werde den Hund füttern und mit ihm Gassi gehen. Mama muss nichts machen.«

Nehmen wir ein anderes Beispiel. Du möchtest gern, dass der Unterricht draußen auf dem Rasen fortgesetzt wird. Vielleicht weil es so heiß ist und du dich drinnen gar nicht mehr konzentrieren kannst. Der Lehrer sagt daraufhin: »Nein, draußen haben wir doch gar keine Tische.« Dann antwortest du: »Gerade weil wir keine Tische haben, können wir alle näher zusammenrücken und Ihnen besser zuhören.« Darauf erwidert der Lehrer: »Aber dann könnt ihr euch ja gar nichts aufschreiben.« Und du sagst: »Gerade weil wir nichts mitschreiben können, werden wir besser zuhören.« Probiere es einfach mal aus. Du wirst damit nicht immer Erfolg haben, aber zumindest bist du schlagfertig.

DIE ULTIMATIVE TAKTIK: ANGEBOTE ANNEHMEN

Zum Schluss verrate ich dir jetzt noch den ultimativen Trick, den Improvisationsschauspieler auf der Bühne anwenden. Improvisieren bedeutet, dass du aus dem, was du bekommst, das Beste machst. Wenn deine Mutter merkt, dass ihr die Kirschen für den Kirschkuchen fehlen, dann sagt sie: »Okay, dann improvisiere ich jetzt.« Sie schnappt sich Aprikosen aus der Dose oder Äpfel und macht den Kuchen eben damit.

Du improvisierst auch ständig, zum Beispiel wenn du mit deiner Freundin spielst. Habt ihr kein Piratenschiff, um *Fluch der Karibik* zu spielen, dann improvisiert ihr. Ihr baut einfach dein Bett zu einem Boot um und tut so, als ob der Fußboden das Meer wäre.

Somit ist klar, was Improvisieren ist. Und nun verrate ich dir, wie die Schauspieler es schaffen, dass ihnen immer spontan etwas einfällt: Sie nehmen Angebote an. Aber welche? Ein bestimmtes Thema kann ein Angebot sein. Eine neue Idee kann ein Angebot sein. Selbst ein Seufzen kann ein Angebot sein. Ein Angebot ist alles, was um dich herum passiert, was du siehst und was zu dir gesagt wird.

Bei den Improvisationsschauspielern sieht das dann folgendermaßen aus: Schauspieler A steht allein auf der Bühne. Er freut sich schon auf den Schauspielkollegen B, der gleich nachkommen wird, denn er hat eine tolle Idee, die er gleich mit ihm ausprobieren möchte. Nun kommt aber B auf die Bühne und fängt mit einem Satz an, der überhaupt nicht zu der Idee von A passt. Jetzt hat A die Möglichkeit, das

Angebot von B zu blockieren und seine eigene Idee durchzusetzen, aber als professioneller Improvisationsschauspieler wird er das nicht tun. Stattdessen nimmt er das Angebot von B an und es entsteht etwas Neues. Welche Idee besser oder schlechter ist, spielt dabei keine Rolle. Es geht darum, dass überhaupt gespielt wird. Mit anderen Worten, dass die Schauspieler spontan antworten und somit schlagfertig sind. Ein negatives Beispiel:

A: Guten Morgen Ingrid.

B: Ich bin nicht Ingrid und es ist schon Mittag.

A: Nein, es ist morgens und du bist meine Freundin Ingrid, die mich sehr mag.

B: Nein, ich heiße Bernd und bin dein Nachbar.

A: Nein, wir sind doch im Büro und du bist Ingrid, die immer zu spät kommt.

Hier gehen beide Spieler auf Angriff, blockieren sich und das Publikum wird entweder anfangen zu gähnen oder das Theater verlassen.

Wenn jemand gerade erst mit dem Improvisationstheater anfängt, dann lernt er zuerst das spontane Annehmen von Angeboten. Also noch einmal:

A: Guten Morgen Ingrid.

B: Guten Morgen Anna! Wie hast du geschlafen?

A: Nicht so gut. Ich habe mittlerweile echt Angst.

B: Angst? Wieso denn?

A: Na, heute wird bestimmt der Brief kommen.

B: Oh ja stimmt, der Brief von Bernd. Was machen wir denn damit?

A: Ich weiß es nicht. Erst einmal schauen, was drin steht, aber ich habe Angst ...

B: Mir ist auch mulmig bei dem Gedanken. Aber ich stehe dir bei.

A: Ich bin so froh, dass ich dich habe. Meinst du, er hat es herausgefunden?

So funktioniert der Spaß! Beide Spieler lassen sich sofort auf die Idee ihres Gegenübers ein und wir sind plötzlich ganz gespannt, was in dem Brief steht und was Bernd wohl herausgefunden haben könnte.

Jetzt fragst du dich vermutlich, was das mit dir zu tun hat. Ganz einfach: Auch die blöden Sprüche von den blöden Schülern, die dich ärgern wollen, sind Angebote. Es sind sicherlich keine schönen Angebote, aber es sind Angebote. Wenn du dich ärgerst und zum Gegenangriff übergehst, bist du weder spontan noch schlagfertig und somit auch nicht sonderlich cool.

Wie ich eben schon geschrieben habe: Es geht nicht darum, ob das Angebot toll ist, es geht darum, es überhaupt als

Angebot zu sehen. Wenn du einen blöden Spruch nicht mehr als böswillige Verletzung ansiehst, sondern als ein Angebot, dann wird es dir viel leichter fallen, es anzunehmen. Wenn du zum Beispiel mit »Gerade weil« antwortest, dann nimmst du das Angebot an und spielst den Ball zurück. Das ist schon mal ein guter Weg, um spontan zu antworten. Auch wenn du zustimmst oder lachst, nimmst du die Angebote an. Und auch wenn du ernsthaft auf die Frage mit dem Bastard antwortest. Sobald du auf den blöden Spruch eingehst, nimmst du das Angebot an und bist schlagfertig. Wenn du dagegen weinst, herumzickst, wütend wirst oder um dich schlägst, dann bist du in dem Moment das Opfer, der Verlierer.

Stell es dir wie ein Tischtennisspiel vor: Dein Gegenüber spielt dir einen Ball zu, du nimmst ihn an und spielst ihn zurück. Das Zurückspielen kann das Lachen sein, das Zustimmen oder das »Gerade weil«. Du kannst alles verwenden, was wir schon besprochen haben.

Falls du das einmal ganz intensiv üben möchtest, dann frag deine Eltern, ob du am einem Improvisationskurs teilnehmen darfst. Die gibt es auch für Kinder und Jugendliche. Oder du fragst deinen Lehrer, ob er nicht mal mit euch Improvisationstheater spielt. Vielleicht kann er das ja oder kennt jemanden, der das kann, und dann könnt ihr alle gemeinsam üben, wie spontanes Antworten (und somit Schlagfertigkeit) funktioniert.

Das Schöne beim Annehmen von Angeboten ist, dass du oftmals auf völlig neue Ideen kommst. Manchmal merkst du, dass du bei deinen Eltern nicht weiterkommst. Du möchtest gern länger aufbleiben, aber sie sagen immer Nein. Wenn sie dir allerdings verraten, warum sie Nein sagen, dann bekommst du neue Ideen und lernst, was deinen Eltern wichtig ist (siehe Seite 145).

Ebenso ist es in der Schule. Wenn drei Schüler vor dir stehen und dich fertigmachen wollen, dann lernst du viele Wörter, die du zu Hause googeln kannst. Die älteren Schüler helfen dir quasi dabei, noch schlagfertiger zu werden. Sieh es also nicht als Angriff, sondern als Übung. Mal wird es besser klappen und mal schlechter ...

Und falls du dich mit einem einzelnen doofen Schüler unterhältst und nicht sofort auf seinen blöden Spruch reagierst, wirst du vielleicht feststellen, dass er gar nicht so doof ist. Vielleicht ist er nur unsicher. Oder er ist so gemein, weil er gerade einen schlechten Tag hat. Gib ihm eine Chance. Unterhalte dich mit ihm und sei schlagfertig. Dann schaut er vielleicht zu dir auf und du hast keinen Feind mehr, sondern einen Fan oder einen Freund.

Beim Referat ist es genauso: Alles, was von deinen Mitschülern kommt, kannst du als Angebot nehmen, sofern du das möchtest. Runzelt jemand die Stirn, kannst du sagen: »Ich sehe schon, dass Peter die Stirn runzelt. Wahrscheinlich weil er noch nicht versteht, warum die Wanderdünen wandern. Ich habe das am Anfang auch nicht verstanden, aber sie wandern wirklich.« Und schon kannst du weiterreden. Peter wird sich nicht trauen, noch einmal die Stirn zu runzeln – genau wie alle anderen, weil sie wissen, dass du das locker in dein Referat einbaust. Selbst wenn jemand stöhnt oder gähnt, kannst du sagen: »Die ersten fangen schon an zu gähnen und zu stöhnen. Vielleicht habe ich mich zu lange bei der

Vergangenheit der Wanderdünen aufgehalten. Dann gehe ich jetzt schnell dazu über, wie es heute aussieht ...«

Im Prinzip kannst du jedes Angebot annehmen, wobei du dann aber nur noch schlagfertig bist und kaum noch über dein eigentliches Thema sprichst. Nimm in diesem Fall lieber nur ab und zu ein Angebot an, denn dein Lehrer möchte sicherlich, dass du dich hauptsächlich auf dein Referat konzentrierst und nicht nur versuchst, spontan zu sein.

So nimmst du ein Angebot an – Schritt 1

Der erste Schritt zum »Angebot annehmen« ist, Ja zu sagen. Antworte nicht sofort mit Nein, wenn jemand etwas sagt oder fragt. Sag Ja und gehe darauf ein. Probiere das mal mit deinen Freunden. Da kommt beispielsweise Tom vorbei und fragt, ob du mit ihm rausgehen willst, und du sagt Ja, obwohl du eigentlich lieber ein Computerspiel mit ihm spielen würdest. Du sagst also Ja, gehst mit ihm raus und nach einer Stunde hat Tom vielleicht auch Lust, mit dir am Computer zu spielen. Wenn du jedoch immer alles ablehnst, was er vorschlägt, dann gibt es keinen Grund, warum er deine Angebote annehmen sollte. Wenn du etwas möchtest, dann ist es gut, wenn du erst einmal einen Schritt auf dein Gegenüber zugehst. Das ist das Gleiche wie das Liebsein vor der Bekomme-ich-ein-neues Fahrrad-Frage.

Es ist auch schlau, deine beste Freundin dazuzuholen, wenn du überlegst, wie du dein Referat aufbauen könntest. Vielleicht sind viele Ideen, die sie vorschlägt, im ersten Moment blöd. Aber häufig fällt dir durch die blöde Idee deiner Freundin eine noch viel bessere ein, auf die du ohne sie gar nicht gekommen wärst. So könnt ihr wunderbar herumspinnen und euch tolle Sachen einfallen lassen, wie ihr eure Lehrerin und eure Klassenkameraden überraschen und beeindrucken könnt.

Wobei ich an dieser Stelle noch einmal deutlich machen möchte, dass es natürlich sinnvoll ist, bestimmte Angebote auszuschlagen. So ist es sehr gefährlich, auf das Angebot des fremden Mannes einzugehen, der dir Schokolade schenken will. Und falls dich zwei ältere, starke Schüler fragen, ob sie dich verhauen dürfen, dann sagst du bitte nicht Ja, sondern ganz klar Nein! Zum Beispiel so: »Ich will nicht von dir geärgert werden, lass das sein!« Reicht das nicht, sagst du: »Ich will nicht von dir geärgert werden, lass das sein! Übrigens finde ich es feige, sich mit einem Schwächeren anzulegen. Such dir jemanden, der gleich stark ist wie du. Das ist ja so, als ob ein Fußballverein aus der ersten Bundesliga gegen eine Mannschaft aus der Kreisliga spielt. Natürlich gewinnst du. Das ist keine Kunst.«

Sag also nicht zu allem Ja und Amen, aber lehne auch kein Angebot leichtfertig ab. Du entscheidest, ob du gerade spontan und schlagfertig sein möchtest oder ob du Nein sagst, weil du keine Lust hast. Falls du Angebote annehmen möchtest, dann mach es mit folgenden Sätzen:

- »Ja, gute Idee.«
- »Okay, das könnte funktionieren.«
- »Ja okay, was hast du noch für Vorschläge?«

Noch ein kleiner Tipp am Rande: Wenn dir jemand Zigaretten, Alkohol oder Drogen anbietet, dann sagst du natürlich auch Nein! Du bist viel cooler, wenn du selbstsicher ablehnst und bei diesem Blödsinn nicht mitmachst. Sport treiben ist cool. Bei sich bleiben ist cool. Spaß haben ist cool. Rauchen ist doof. Alkohol trinken und Drogen nehmen noch viel blöder. Frag doch lieber deine Mitschüler, warum sie rauchen, trinken oder Drogen nehmen. Frag sie, ob es sich wirklich cool anfühlt, komplett die Kontrolle zu verlieren. Frag sie, ob es wirklich gut anfühlt, Rauch einzuatmen (vor dem wir – bei einem brennenden Haus – normalerweise weglaufen würden). Frag sie, was sie davon haben und was es ihnen bringt, wenn sie rauchen, Alkohol trinken oder Drogen nehmen. Du wirst schnell merken, dass sie keine richtige Antwort parat haben. Sie werden nur damit kommen: »Weil das cool ist.« Damit beweisen sie, dass sie gar nicht wissen, warum sie es machen. Und wenn sie es nicht wissen, warum solltest du dann mitmachen?

So nimmst du ein Angebot an – Schritt 2

Zum Annehmen neuer Ideen gehört natürlich auch, dass du manchmal eine eigene Idee loslässt. Falls du deine Idee besonders toll findest, dann ist das nicht leicht. Aber wie bei dem Fall mit Tom könnte es sein, dass du irgendwann doch noch deine Idee einbringen kannst und ihr am Computer spielt. Nur weil du deine eigene Idee aufgibst, ist deswegen noch nicht der ganze Tag versaut. Es heißt auch nicht, dass du deswegen keinen Spaß haben kannst. Geh es also entspannt an. Verfolge deine Ziele und deine Wünsche, aber nimm auch die Angebote von anderen an.

Und das üben wir jetzt gleich mal. Schnapp dir zwei Freunde oder Geschwister oder bitte deine Eltern, mit dir zu üben (denen macht das nämlich auch Spaß). Auf alle Fälle brauchst du zwei Mitspieler, denn dieses Spiel geht nur mit drei Personen. Und es heißt: Ein-Wort-Spiel. Dabei übt ihr alle, Angebote anzunehmen und eigene Ideen loszulassen.

Zuallererst denkst du dir ein Thema aus. Nimm irgendetwas Lustiges, zum Beispiel könntet ihr euch vorstellen, dass einer von euch ein Experte für Wanderdünen ist und der andere ist ein Moderator, der Fragen stellt. Und die dritte Person? Die dritte Person gibt es nicht. Es gibt nur zwei Personen. Das bedeutet: EINER ist der Moderator und ZWEI Personen spielen den Wanderdünen-Experten. Sie antworten gemeinsam. Allerdings jeder nur mit einem Wort. Das bedeutet, dass du als Moderator die Frage stellst: »Wie kommt es, dass Sie Experte für Wanderdünen wurden?« Und deine Eltern antworten dann zum Beispiel: Mama: »Ich ...« Papa: »... wollte ...« Mama: »... nur ...« Papa: »... gerade ....« Mama: »... mein ...« Papa: »... Auto ...« Und so weiter und so fort. Überlegt nicht zu lange. Die erste oder spätestens die zweite Idee ist gut und wird ausgesprochen.

Wahrscheinlich wollte Mama sagen: »Ich habe auf Sylt eine Wanderdüne gesehen und war fasziniert.« Nun hat aber Papa »wollte« gesagt und deiner Mutter blieb keine andere Wahl, als das Angebot von deinem Vater anzunehmen und darauf einzugehen. Ihre eigene Idee klappt jetzt nicht mehr. Wahrscheinlich wollte deine Mutter danach noch irgendwie zur Wanderdüne kommen, aber dein Vater hatte die Idee, dass er mit dem Auto durch die Gegend gefahren ist und dadurch Wanderdünen entdeckt hat. So haben beide ihre Ideen und beide werden lernen, diese immer wieder loszulassen und auf das Angebot des anderen einzugehen. Und auch wenn es nur ein Spiel ist, so übt es doch ungemein die Schlagfertigkeit.

Du könntest als Moderator auch folgende Fragen stellen: »Ich habe erfahren, dass Sie schon als Kind Wanderdünen-Experte werden wollten, wie kam es dazu?« Oder: »Es gibt da doch so einen schönen Witz über Wanderdünen, erzählen Sie den mal.« Nach fünf Fragen wechselt ihr. Dann spielst du mit Mama den Experten und dein Vater ist der Moderator. Vorher denkt ihr euch aber natürlich ein neues Thema aus. Vielleicht seid ihr jetzt Experten für Kinder, für Autos, für Computerspiele, fürs Kochen, für was auch immer. Wenn Papa euch fünf Fragen gestellt hat, dann bist du mit Papa der Experte und Mama stellt die Fragen. Das ist sehr lustig. Ihr werdet viel lachen und gleichzeitig lernt ihr, wie es ist, Angebote anzunehmen und seine eigenen Ideen loszulassen.

Ich mache dir das Ein-Wort-Spiel auf der CD einmal vor. Höre dir dazu Kapitel 19 an.

Wichtig

- Überrasche den anderen, indem du anders reagierst, als er es erwartet.
- Lache einfach oder stimme dem blöden Spruch zu oder antworte mit »Gerade weil ...«.
- Du kannst Angebote annehmen, wenn du magst, sie aber auch ausschlagen. Du entscheidest.
- Manchmal ist es auch wichtig, »Ich will das nicht« zu sagen und das Angebot nicht anzunehmen.
- Alles ist ein Angebot: vom Augenrollen über ein Lächeln bis zum blöden Spruch.

ES IST NIE ZU SPÄT FÜR EINE SCHÖNE KINDHEIT

In Amerika gibt es einen Mann, der behauptet, dass es nie zu spät für eine schöne Kindheit ist. Und das sagt er auch zu Leuten, die so alt sind wie dein Opa oder deine Uroma. Deswegen klingt es auch im ersten Moment ein wenig albern. Denn bei so alten Menschen ist die Kindheit schon lange her, und wenn die nicht schön war, dann können sie das auch nicht mehr ändern – denken zumindest die meisten. Der Mann aus Amerika meint aber, dass es Übungen gibt, mit denen jeder Mensch in jedem Alter schlechte Erinnerungen loswerden kann. Es spielt keine Rolle, wie lange diese Erinnerung bereits zurückliegt, und es ist auch egal, um welche Erinnerung es sich dabei handelt. Dieser Mann heißt Dr. Richard Bandler. Und ich zeige dir jetzt eine Übung von ihm, mit der du schlechte Erinnerungen verändern kannst.

Du kannst dir diese Übung entweder hier im Buch durchlesen oder sie dir auf der CD anhören. Du findest sie in Kapitel 20.

Überleg dir zunächst, welche schlechte Erinnerung du loswerden möchtest. Vielleicht hat dein großer Bruder zu dir gesagt, dass du doof bist. Vielleicht hat deine Oma mal gesagt, dass du kein hübsches Kind bist. Vielleicht ist dir irgendwann etwas Peinliches passiert, über das du mit niemandem reden magst. Vielleicht ist da mal ein Mitschüler gewesen, der dich gehänselt hat, und du willst einfach nicht mehr daran denken. Vielleicht hast du bei einem Referat mal völlig versagt und alle haben dich ausgelacht ...

Wenn du mehrere schlechte Erinnerungen hast, dann nimm dir erst einmal nur eine Erinnerung vor. Bei allen weiteren Erinnerungen, an die du nicht mehr denken möchtest, wiederholst du die Übung. Immer nur eine Erinnerung pro Übung.

Denke jetzt intensiv an die Erinnerung, an die du nicht mehr denken magst. Schau dir genau an, was es damals zu sehen gab, höre, was es zu hören gab, und spüre, wie es sich angefühlt hat. Wenn du das mit geschlossenen Augen leichter hinbekommst, dann mach das. Du kannst die Augen aber auch geöffnet lassen. Mach es so, wie es für dich am einfachsten ist.

Nun lass das Bild erstarren, genau wie mit der Pausetaste auf dem DVD-Player oder bei YouTube. Halte den Film an und lass das Bild immer kleiner werden. Mach das Bild ganz klein, klitzeklein.

Danach springst du gedanklich ans Ende der Geschichte, die du erlebt hast, und hältst auch dort den Film an. Und bei dem Standbild, das dir nun gezeigt wird, veränderst du die Helligkeit. Stell dir vor, es gibt da einen großen Helligkeitsknopf und den kannst du drehen, sodass das Standbild unglaublich hell wird. Dreh den Knopf bis zum Anschlag, bis das Bild weiß ist. Wiederhole das drei Mal:

- Geh zurück zum ersten Standbild und mache es ganz klein, so klein, dass du kaum noch etwas erkennen kannst.
- Jetzt nimm das letzte Bild der Geschichte und mach es hell. Dreh den Helligkeitsknopf, bis das Bild völlig weiß ist.

- Nun geh wieder zum ersten Standbild zurück und mach es winzig klein.
- Dann gehst du wieder zum letzten Bild und drehst den Helligkeitsknopf bis zum Anschlag, bis das Bild vollkommen weiß ist.
- Jetzt wieder zum ersten Standbild springen und es winzig klein machen. Gut so, du machst das prima.
- Und noch einmal zum letzten Bild in der Geschichte gehen und den Helligkeitsknopf drehen, bis das Bild weiß ist.

Danach schau dir noch einmal an, wie du am Ende der Geschichte stehst. Schau dich an und lass den Film rückwärts laufen. Du und alle anderen reden rückwärts und gehen rückwärts. Alle Klänge, alle Gespräche, alle Gesten laufen rückwärts. Schau dir den Film rückwärts an und lass auch deine Gefühle rückwärts laufen. Je häufiger du nun versuchst, an diese blöde Geschichte zu denken, desto schwerer wird es dir fallen, dich daran zu erinnern.

SELBSTSICHER FREI REDEN BEI VÖLLIGER AHNUNGSLOSIGKEIT

Betrachte einfach alles als Angebot, was du siehst und was dir spontan einfällt. Wenn du das machst, kannst du selbst dann frei sprechen, wenn du gar nicht weißt, was du sagen sollst.

Bei einer mündlichen Prüfung musst du zum Beispiel frei sprechen. Ich hoffe allerdings, dass du da nicht völlig ahnungslos bist, sondern vorher etwas gelernt hast. Aber auch wenn du dich im Unterricht meldest oder spontan eine Frage deines Lehrers beantwortest, ist das frei sprechen. Und wenn du beim Referat mal nicht weiterweißt, dann ist wieder freies Sprechen angesagt.

Ich schlage vor, wir üben erst einmal das freie Sprechen und danach schauen wir uns an, wie du so selbstsicher wirst, dass dir niemand anmerkt, dass du gerade nicht weißt, was du sagen sollst. Ein Blick in dieses Kapitel lohnt sich aber auch dann, wenn du gut gelernt hast und alles weißt ...

WAS FÄLLT DIR ZUM THEMA JEANS EIN?

Übe das freie Sprechen, indem du deinem besten Freund sagst, er soll ganz spontan zwei Minuten über das Thema Jeans reden. Jetzt fragst du dich bestimmt, wie man zwei Minuten über eine Jeans reden kann. Es geht. Nimm einfach all das auf, was dir spontan einfällt:

- Zähle zum Beispiel auf, welche Jeansarten es gibt: Röhrenjeans, Karottenjeans, Jeans mit Stretch, Jeans als Schlaghose, Hotpants, weite Jeans, enge Jeans, kurze Jeans, lange Jeans ...

- Dann kannst du zu den Farben übergehen, in denen Jeans angeboten werden: Schwarz, Weiß, Rot, Grün, Braun, ausgewaschenes Blau, Dunkelblau ...

- Überlege, welche Verarbeitungsvarianten denkbar sind: Jeans mit Löchern, Jeans mit Strass, Jeans mit Prints, Jeans mit Logo, Jeans ohne Logo, Jeans mit großen Taschen, Jeans mit kleinen Taschen ...

- Die Anlässe, zu denen man Jeans tragen kann, sind eine weitere Möglichkeit: in die Schule, zum Spielen, zum Besuch bei der Oma ...

- Und dann redest du darüber, welche Jeans deine Lieblingsjeans ist, wo du sie meistens kaufst (wo man sie überhaupt kaufen kann) und wer in deiner Familie Jeans trägt ...

So kannst du ganz lange über Jeans reden. Wichtig ist dabei, dass du keine Idee als unwichtig ansiehst. Jede Idee, die dir in den Sinn kommt, sprichst du aus. Denn dann kannst du über alles sehr lange reden. Es ist reine Übungssache.

Und am besten übst du wieder mit einem Freund. Jeder von euch schreibt sich 10 Begriffe auf, ohne dass sie der andere sieht. Dein Freund nennt dir seinen ersten Begriff und startet die Stoppuhr. Nach zwei Minuten sagt er dir, dass du aufhören darfst, und ihr wechselt. Denkbare Themen sind Fußball, Tisch, Katze, Garten, Apfel, Hip-Hop oder Schule. Alles ist möglich und über wirklich alles kannst du zwei Minuten reden. Und sollte euch mal wirklich nichts einfallen, dann könnt ihr gemeinsam überlegen, was man alles hätte sagen können. Helft euch gegenseitig, tragt eure Ideen zusammen. Wenn ihr das regelmäßig übt, vielleicht auch mal ein Wort im Internet googelt, dann wird euch das freie Sprechen nicht mehr schwerfallen. Egal zu welchem Thema.

Eine andere Variante ist, dass du dir selbst – still und heimlich – Fragen stellst, damit du weißt, was du zum Beispiel zum Thema Jeans sagen könntest. Du kannst dich zum Beispiel in Gedanken fragen: »Wo trägt man Jeans?« Und dann beantwortest du die Frage. Du darfst dabei natürlich auch überlegen. Mach ruhig ein paar Pausen. Du kannst zudem hin und her gehen, dann fällt dir bestimmt noch mehr ein. Denk auch an die Ausatmung, damit du ruhiger wirst und keinen Blackout bekommst.

BENIMM DICH WIE EIN RUDELFÜHRER

Und damit du beim freien Sprechen cool und selbstsicher wirkst, könntest du dich wie ein Rudelführer benehmen. Der Rudelführer ist derjenige, der das Rudel anführt. Das Rudel kann aus deinen Mitschülern bestehen, aus deiner Familie, aber auch aus Hunden oder Pferden. Du kannst ja mal googeln, welche Tiere in Rudeln leben. Und bei jedem Rudel gibt es einen Rudelführer.

Ein Feuerwehrmann ist zum Beispiel ein typischer Rudelführer. Wenn es brennt, sagt er, wo es langgeht und was gemacht wird – und alle hören auf ihn. Ein Arzt ist auch ein Rudelführer. Er sagt, was gemacht werden muss, damit das schwer verletzte Kind überlebt.

Und das zeichnet einen Rudelführer aus:

- Er spricht ruhig und deutlich.
- Er verwendet kurze Sätze.

- Er spricht mit einer tiefen, entspannten Stimme.
- Seine Körpersprache ist ruhig.
- Seine Bewegungen sind groß.
- Er spricht auf Punkt.
- Er macht Pausen.
- Er atmet ruhig.
- Er ist im Hier und Jetzt.

Na, klingelt es? Genau! Hier haben wir wieder die starke Körpersprache, die wir schon besprochen haben. Wenn du so sprichst, auch wenn du gar nicht weißt, was du sagen sollst, dann wirkst du selbstbewusst. Es ist ja auch nichts Schlimmes, wenn du nicht weißt, was du sagen sollst. Du kannst eine Pause machen, gehen und ausatmen und überhaupt alle Techniken und Tipps aus diesem Buch nutzen, damit du cool und entspannt rüberkommst – selbst bei völliger Ahnungslosigkeit.

100 PROZENT BEI DER VORBEREITUNG, 70 PROZENT IN DER PRÜFUNG

Bei einer mündlichen Prüfung ist es natürlich besser, wenn du nicht ahnungslos bist. Also wirst du vorher lernen, was das Zeug hält. Das ist auch völlig in Ordnung, du darfst dich perfekt auf die Prüfung vorbereiten. Sobald du aber vor dem Lehrer stehst, geht es vor allem darum, das gelernte Wissen abzurufen. Und deswegen ist es so wichtig, dass du entspannt bleibst. Warte nicht auf die perfekte Antwort und mach dir nicht so viel Druck. Sobald du in der Prüfung stehst, kannst du nur versuchen, das Beste daraus zu machen.

Um den Druck etwas rauszunehmen, stellen sich Improvisationsschauspieler vor, dass sie von sich nur 70 Prozent erwarten. Und das kannst du in der Prüfung schaffen. Du weißt ja jetzt, wie du dich – zum Beispiel mit der Atmung – ruhig bekommst. Nutze all das, was du bisher gelernt hast, und denk dir einfach: »Mir wird schon etwas einfallen. Und das, was mir einfällt, das spreche ich aus.«

Merke: Bei der Vorbereitung, also beim Lernen, darfst du 100 Prozent geben. Lern alles, was die Lehrer eventuell fragen könnten. Sobald du aber in der Prüfung stehst, verlangst du keine Perfektion mehr von dir. Sei damit zufrieden, wenn du 70 Prozent deines Wissens abrufen kannst. Wenn es mehr ist, umso besser! Auf diese Weise wird dir ganz viel einfallen.

Wichtig

- Bist du ahnungslos, such nach Angeboten und nimm sie an.
- Sprich jede Idee aus. Es gibt keine wirklich schlechten Ideen.
- Verhalte dich wie ein Rudelführer.
- Gib bei der Vorbereitung 100 Prozent, dann erreichst du in der Prüfung mindestens 70 Prozent.

SO WEHRST DU DICH GEGEN MOBBING UND MANIPULATION

Ich finde, wir sollten erst einmal überlegen, was Mobbing und Manipulation überhaupt sind. Mobbing bedeutet, dass ein Schüler oder eine Schülerin regelmäßig von anderen Schülern geärgert wird. Wenn eine Schülerin über den Schulhof geht und ihr zwei andere Schülerinnen hinterherrufen, dass ihr Kleid hässlich sei, aber dass es gut zu ihrem hässlichen Aussehen passe, dann ist das echt gemein, aber noch kein Mobbing. Mobbing wäre es, wenn diese Schülerin von den beiden anderen Schülerinnen jeden Tag, jede Woche oder mehrmals im Monat mit solchen fiesen Sprüchen geärgert wird.

Mobbing beschränkt sich aber nicht nur auf blöde Sprüche. Dazu gehört auch, dass du permanent vor anderen bloßgestellt wirst. Das kann dazu führen, dass keiner mehr mit dir befreundet sein möchte, denn jeder, der dich gut findet und sich mit dir unterhält, muss befürchten, ebenfalls geärgert zu werden. Wenn dann im Klassenzimmer keiner mehr neben dir sitzen will und du auch allein auf dem Schulhof stehst, dann fühlst du dich sehr einsam und schlecht.

Aber das ist noch nicht alles. Mobbing kann zudem bedeuten, dass du ständig geschubst oder sogar geschlagen wirst. Und manchmal wollen andere Schüler sogar Geld von dir haben. Hier geht es also um Erpressung. Es muss auch keine

Gruppe sein, die dich fertigmacht. Selbst wenn nur ein einziger Schüler daran beteiligt ist, handelt es sich um Mobbing. Ein Grund für dieses Verhalten kann sein, dass der oder die Schüler, die dich mobben, selbst sehr unsicher sind. Das ist allerdings die Ausnahme. Viele schlaue Menschen haben versucht herauszufinden, warum manche Schüler andere mobben. Dabei kam heraus, dass gerade starke Schüler häufig mobben, weil sie sich noch stärker fühlen wollen oder weil es ihnen einfach Spaß macht. Deswegen werden sie auch nicht von allein damit aufhören. Und es kam auch heraus, dass es häufig an der Schule liegt. Wenn an einer Schule einige Schüler gemobbt werden, dann verbreitet sich das wie eine Grippe. Der eine fängt mit bösen Sprüchen an, ein anderer findet das cool und macht bei dem »Spaß« mit.

WAS DU TUN KANNST UND WANN DU REAGIEREN MUSST

Wenn du geschlagen oder bedroht wirst oder man dir Geld wegnimmt, dann hört der »Spaß« auf. Dann geh bitte sofort zu deinen Eltern, zu deiner Lehrerin und mit ihnen zusammen zur Polizei. Und zwar gleich beim ersten Mal! Wenn du nämlich denkst, dass es ja nicht so schlimm war und es bestimmt nicht noch mal passiert, dann irrst du dich. Wenn es einmal geklappt hat, dir das Geld wegzunehmen, dann werden sie es immer wieder machen. Und wenn sie es erst einmal gewohnt sind, dass sie dich so behandeln können, und du es gewohnt bist, das auszuhalten, dann ist es schwer, aus diesem Teufelskreis auszubrechen. Glaube mir bitte: Sie werden dich nie in Ruhe lassen, wenn du nicht mutig genug bist, sofort zu deinen Eltern oder den Lehrern zu gehen und es der Polizei zu erzählen.

Ja, du hast richtig gelesen, das ist mutig! Und mit Petzen hat das rein gar nichts zu tun. Das, was die älteren oder stärkeren Schüler mit dir machen, ist falsch. Und es ist nicht deine Aufgabe, dich darum zu kümmern, dass es aufhört. Meine Tipps zur Schlagfertigkeit gelten nur in den Fällen, in denen du mit Worten verletzt wirst. Da kannst du es schaffen, sie sprachlos zu machen, und du kannst ihnen den Spaß an den Hänseleien verderben, sodass sie irgendwann damit aufhören. Sobald du aber geschubst, geschlagen oder bedroht wirst oder man dir Geld beziehungsweise irgendwelche anderen Sachen klaut, dann versuchst du es bitte nicht mehr allein mit Schlagfertigkeit. Dann sagst du im ersten Schritt klar und deutlich: »Lasst das. Ich will nicht von euch geärgert werden.« Du kannst auch hier die Situation ansprechen und sagen: »Schlag dich doch mit einem Jungen in deinem Alter. Gegen mich zu gewinnen ist leicht, weil ich kleiner und schwächer bin als du. Such dir jemanden, der genauso stark ist wie du.«

Das allein wird vermutlich nicht helfen, aber es ist sehr wichtig, dass du laut und deutlich sagst, dass du das nicht willst. Zeig, dass du dich wehrst. Und der nächste Schritt ist dann, dass du zu deinen Eltern oder den Lehrern gehst und mit ihnen redest, damit sie sich darum kümmern können. Wenn auch alle anderen betroffenen Schüler sich wehren und den Lehrern sagen, dass ein älterer Schüler ihnen Geld wegnimmt, dann seid ihr gemeinsam stark. Dann bekommt der böse Schüler richtig Ärger und fliegt vielleicht sogar von der Schule. Dann habt ihr gewonnen.

Und selbst wenn es nicht so kommt und du mit deinen Eltern beschließt, dass du besser die Schule wechselst, dann hast du ebenfalls gewonnen. Es fühlt sich im ersten Moment vielleicht nicht so an, weil du dich an neue Lehrer und eine neue Klasse gewöhnen musst, aber wenn es dir dort besser geht, dann hast du ganz sicher gewonnen. Du hast gewonnen, wenn dein Leben danach schöner ist. Ich habe von vielen Fällen gehört, in denen eine Schülerin die Schule gewechselt hat oder auch ein Schüler. Und so ungewohnt es am Anfang war, so sehr haben sie es hinterher genossen und hatten wieder Spaß an der neuen Schule. Merke dir: Bei Schlägen und Erpressung gehst du sofort zu deinen Eltern, den Lehrern und zur Polizei.

Wenn du »nur« hin und wieder einen Spruch kassierst, dann ist das genauso blöd und unfair, aber da kannst du es – wenn du magst – erst einmal allein probieren. Du kannst den Betreffenden mit all den Sachen überraschen, die wir im Kapitel »Schlag dich mit Worten« geübt haben. Du kannst dich auch mal allein mit ihm unterhalten und ihn fragen, warum er das eigentlich macht. Vielleicht werdet ihr ja sogar Freunde. Das klappt aber nur, wenn du mit ihm unter vier Augen sprichst, und nicht, wenn du ihn vor der ganzen Klasse fragst. Sorge dafür, dass er sein Gesicht wahren kann, auch wenn er in dem Moment der Feind ist. Denn wenn er sich angegriffen fühlt, wird er dich noch häufiger mobben.

Versuche zudem, stark aufzutreten, so wie wir es im Kapitel »Das Geheimnis der Körpersprache« geübt haben. Denn häufig werden die Schüler gemobbt, die schwach wirken. Falls das Mobben trotzdem nicht aufhört, solltest du mit deinen Eltern darüber reden. Falls du einen älteren Bruder oder eine ältere Schwester hast, kannst du auch zuerst mit ihm beziehungsweise ihr reden. Vielleicht kennt er oder sie ja die anderen Schüler und kann dir sagen, wie du am besten auf deren Angriffe reagierst. Ein erster Schritt könnte sein, herauszufinden, was die anderen wohl wollen, warum sie dich ärgern.

Schildere daher genau, was in der Schule passiert, wann es passiert, wie oft es passiert und was genau gesagt wird. Dann könnt ihr gemeinsam überlegen, wie du dich dagegen zur Wehr setzen kannst. Es ist viel einfacher, eine Lösung zu finden, wenn du weißt, warum dich jemand angreift. Und falls du keinen Grund erkennen kannst und auch deine Eltern es nicht verstehen, dann gilt wieder: Geh zum Lehrer oder zum Schulleiter und rede mit denen.

Ein kleines Beispiel: Vielleicht bist du besonders gut in Mathe. Und diese eine Schülerin, die dich ständig ärgert, ist in der Schule nicht so gut – vor allem nicht in Mathe. Nun könnte es sein, dass es sie ärgert, dass du so gut in Mathe bist, sie aber nicht. Das heißt, dass sie eigentlich wütend auf sich selbst ist. Leider ist ihr das nicht bewusst und sie denkt nicht darüber nach. Denn wenn sie das tun würde, würde sie einfach mehr lernen. Anscheinend sind ihr aber andere Dinge wichtiger. Und so ärgert sie sich jedes Mal im Matheunterricht, wenn du alles weißt und sie nicht. Also fängt sie an, dich zu ärgern. Wenn du dich aufregst oder anfängst zu weinen, ist sie wieder die Stärkere. Dadurch fühlt sie sich dann besser.

Falls du das zu Hause erzählst und ihr gemeinsam dahinterkommt, woran es liegen könnte, dann wäre eine Lösung, dass du dich in Mathe nicht mehr so oft meldest. Dann würde sie wahrscheinlich aufhören, dich zu ärgern. Nein, das war nur ein Scherz! Das ist zwar eine Möglichkeit, aber keine, die du ernsthaft in Betracht ziehen solltest, da du dabei der Verlierer bist. Im Prinzip geht es in diesem speziellen Fall darum, dass sich die Schülerin klein und schwach fühlt. Wenn der Lehrer ihr mehr helfen und ihr zeigen würde, dass sie einige Dinge schon recht gut macht, dann würde sie sich nicht mehr so schwach fühlen. Und falls du neben ihr sitzt, kannst du auch mal sagen, dass sie eine Aufgabe gut gelöst hat, selbst wenn es keine schwierige Aufgabe war.

Es ist ganz einfach: Einer Person fehlt etwas, sie fühlt sich ungerecht behandelt, also wird sie wütend und ärgert jemanden, der schwächer ist als sie. Wenn sich diese Person nun aber nicht mehr ungerecht behandelt fühlt, wird sie in der Regel auch aufhören, andere zu ärgern. Das ist viel besser, als Gleiches mit Gleichem zu vergelten und sie ebenfalls zu ärgern. Denn dann fühlt ihr euch beide verletzt und ungerecht behandelt und es geht immer so weiter. Und das Problem ist auch nicht gelöst, wenn die Eltern oder Lehrer einfach zu der Schülerin sagen: »Hör auf, Martin zu mobben!« Wichtig ist, dass das eigentliche Problem beseitigt wird.

Versuche deshalb herauszubekommen, warum du ständig geärgert wirst. Dann kannst du für dich entscheiden, ob du den oder die Betreffende ansprechen möchtest oder ob du die Angriffe einfach ignorierst. Solange es sich dabei nur um Sprüche handelt, kannst du das machen.

Eine andere schöne Möglichkeit, sich zu wehren, habe ich in dem Buch *Schlagfertig auf dem Schulhof* von Matthias Pöhm gelesen. Er rät dir, immer eine Trillerpfeife bei dir zu tragen.

Kommen dann die bösen Schüler und wollen dich zur Seite ziehen, damit sie ungestört ihr gemeines Spiel mit dir treiben können, dann ziehst du die Trillerpfeife raus und pfeifst ganz laut. Nun schauen alle zu euch rüber und das wird den bösen Schülern ziemlich unangenehm sein. Wollten sie dich verhauen, ab zum Lehrer und es ihm sagen. Am besten ist diese Kombination: Laut in die Trillerpfeife pusten und sagen: »Lasst das!« Du kannst auch andere starke Schüler, die in der Nähe stehen, bitten, dir zu helfen. Durch die Trillerpfeife guckt ja jeder. Vielleicht kommt einer und nimmt dich in Schutz. Das kann er aber nur, wenn er mitbekommt, dass du geärgert wirst.

Eines möchte ich an dieser Stelle noch einmal klarstellen: Es ist kein Zeichen von Schwäche, wenn man mal der Unterlegene ist. Selbst heute kommt es noch vor, dass andere stärker oder schneller sind als ich. Das ist okay. Und es ändert nichts daran, dass ich eine starke Frau bin. Falls du mal der Schwächere bist, dann bist du es nur in dem Moment. Nicht für immer und nicht für dein ganzes Leben. Somit ist es kein Drama. Lass aber trotzdem nichts mit dir machen, das du nicht willst. Wehre dich mit Worten, mit der Trillerpfeife oder notfalls, indem du zum Lehrer gehst.

JEDER MANIPULIERT – MAL IST ES GUT UND MAL NICHT

Kommen wir nun zum zweiten Punkt, der Manipulation. Manipulation bedeutet, dass du bewusst versuchst, die Meinung eines anderen zu beeinflussen. Das klingt jetzt sehr kompliziert, ist aber in Wirklichkeit ganz einfach. Stell dir vor, Sandra kommt zu dir und erzählt, dass sie am nächsten Tag mit dem Reiten anfangen will. Wenn du jetzt sagst, dass Reiten doch gefährlich sei und sie aufpassen solle, dass sie nicht vom Pferd getreten wird, dann ist das Manipulation. Denn eigentlich war Sandra der Meinung, dass Reiten Spaß macht. An mehr hat sie nicht gedacht. Und jetzt kommst du und sagst ihr, dass es auch gefährlich sein kann, dass sie vom Pferd fallen oder dass das Pferd sie treten kann. Nun denkt Sandra ebenfalls darüber nach, was alles passieren kann. Ihre Meinung ist jetzt also, dass Reiten zwar Spaß macht, aber auch gefährlich sein kann. Du hast die Meinung von Sandra in eine bestimmte Richtung gelenkt, nämlich von Spaß zu Vorsicht. Ist das schlimm? Nein. Wenn du der Meinung bist, dass Sandra aufpassen sollte, weil du schon mal vom Pferd gefallen und getreten worden bist, dann ist das in Ordnung. Du hast ihre Meinung ja nicht verändert, weil du sie ärgern willst oder dir einen Vorteil davon erhoffst. Du hast sie verändert, weil es dir wichtig ist, dass es Sandra gut geht. Und obwohl du es nur gut gemeint hast, hast du manipuliert. Manipulation an sich ist also nichts Böses.

Sobald du eine Frage stellst oder deine Meinung zu einem Thema sagst, veränderst du möglicherweise die Meinung deiner Freunde, deiner Eltern, deiner Lehrer. Du bringst sie auf eine neue Idee und lenkst dadurch die Meinung der anderen eventuell in eine neue Richtung. Jetzt wirst du vielleicht denken: »Das machen wir doch ständig.« Richtig, wir manipulieren ständig und – wie bereits gesagt – generell ist das nichts Schlimmes.

Aber frag doch mal deine Eltern. Frag sie einfach mal, ob Manipulation gut oder schlecht ist. Es könnte gut sein, dass deine Eltern sagen, Manipulation ist schlecht. Der Grund dafür ist möglicherweise, dass sie in der Arbeit manipuliert werden, und vielleicht ist diese Manipulation wirklich nicht nett. Dabei vergessen sie aber, dass sie dich auch manipulieren, jeden Tag. Zum Beispiel indem sie dir sagen, dass es wichtig ist, dass du deine Hausaufgaben machst, und dir genau erklären, weshalb es wichtig ist. Damit möchten sie dich dahin lenken, dass du deine Hausaufgaben ernst nimmst und regelmäßig machst. Schaffen Sie das, ist das super – für dich und für deine Eltern. Und es ist keine böse Manipulation.

Manipulation bedeutet einerseits, dass man versucht, die Meinung eines anderen zu lenken (was durchaus positiv sein kann), es bedeutet aber auch, dass du dein Gegenüber zu einer anderen Meinung drängst. Das ist dann eher negativ. Wenn du deiner Freundin Sandra zum Beispiel so viel Angst machst, dass sie gar nicht mehr zum Reiten gehen will, dann hast du sie negativ manipuliert. Sie wird den Reitunterricht wahrscheinlich absagen und du hast deiner Freundin eine große Freude genommen. Das ist nicht nett. Das ist negative Manipulation.

Mit solchen Kleinigkeiten fängt gemeine Manipulation an und führt dann häufig dazu, dass andere Schüler dich dazu bringen wollen, dass du rauchst, Alkohol trinkst oder Drogen nimmst. Auch hier wird mit Worten manipuliert. Sie behaupten, dass du cooler bist, wenn du das machst, dass du dazugehörst und dass das Leben dann schöner ist. Das ist Blödsinn! Ganz im Gegenteil: Wenn du auf so etwas eingehst, zeigt es nur, dass du schwach und uncool bist. Und diese sogenannten Freunde würden nie etwas Derartiges von dir verlangen, wenn sie echte Freunde wären. Wenn du wirklich cool sein möchtest, stark und selbstbewusst, dann lass dir deine eigene Meinung nicht nehmen. Treib Sport, triff gute

Freunde, mach oder höre Musik, geh tanzen, führ den Hund Gassi, bastel mit deinem Vater am Auto oder am Mofa herum – mach, was dir Spaß macht und was dir guttut.

Ich verrate dir mal, woran du erkennst, ob du negativ manipuliert wirst: Manche möchten deine Meinung ändern, indem sie dir sagen, dass du dieses oder jenes Ziel erreichen solltest. Die Hausaufgaben regelmäßig zu machen wäre ein solches Ziel, was wiederum zu dem Ziel führt, bessere Noten zu bekommen. Diese Ziele machen vielleicht nicht sonderlich viel Spaß, sind aber gut für dich, also eine positive Manipulation. Wenn die Person, die dich zu einem bestimmten Ziel drängen möchte, aber gar kein Interesse daran hat, dass du dieses Ziel auch wirklich erreichst, dann ist das eine negative Manipulation. Er oder sie möchte nur, dass du das machst, weil er oder sie Spaß daran hat oder einen Vorteil für sich daraus ziehen kann. Er denkt nicht an dich, sondern an sich, und lenkt somit deine Meinung in eine Richtung, die für ihn gut ist, aber nicht für dich.

Ein Beispiel: Du hast bisher keine Meinung zum Thema Rauchen. Du hast es noch nicht ausprobiert und weißt auch nicht, was das soll. Nun kommt ein Mitschüler und bietet dir eine Zigarette an. Du sagst: »Nein, danke!« Und nun fängt er an, dich negativ zu manipulieren. Er kommt mit Aussagen wie: »Warum denn nicht? Du bist doch kein Baby mehr. Werd erwachsen und rauch eine. Das ist cool.« Du lässt dich überreden und probierst eine Zigarette. Schon beim ersten Zug musst du husten und dir wird schlecht. Jetzt denkst du natürlich: »Das ist ja voll ekelig! Wie kann man denn nur rauchen?«

Das Ziel deines Mitschülers ist, nicht allein rauchen zu müssen. Deswegen versucht er, dir einzureden, dass Rauchen cool sei.

Sein Ziel (nicht allein rauchen) ist also nicht dein Ziel (cool sein). Es ist ihm egal, dass du dadurch abhängig wirst. Es ist ihm egal, dass du dadurch nicht cooler wirst. Es ist ihm egal, wie du in Zukunft an Geld für deine Zigaretten kommst und was du dir zu Hause für Ärger einhandelst. Das alles ist ihm egal. Er hat schon Ärger. Er ist schon süchtig. Und er möchte nicht allein dastehen mit dieser Schwäche. Also überredet er dich dazu, auch zu rauchen. Und schon seid ihr zu zweit und bald zu dritt und bald raucht die ganze Klasse. Nur weil alle cool sein wollen und nur weil alle manipuliert werden. Wenn du merkst, dass jemand auf dich einredet, ganz gleich ob eine Mitschülerin, dein Lehrer oder dein Bruder, dann frag dich, was derjenige davon hat und ob er wirklich daran interessiert ist, dass du dieses neue Ziel erreichst. Und frag dich vor allem auch, ob du dieses neue Ziel überhaupt erreichen willst.

Meistens ist es gar nicht so leicht, herauszufinden, ob du positiv oder negativ manipuliert wirst. Vor allem wenn du allein darüber nachdenkst. Das Wichtigste ist deshalb, dass du erst einmal aus der Situation herausgehst. Bei dem Angebot mit der Zigarette kannst du sagen, dass du leider noch zu einem Lehrer musst. Oder du sagst, dass du auf die Toilette musst. Was auch immer: Geh einfach weg. Denn dann kannst du in Ruhe überlegen, ob du das willst. Und falls du selbst nicht weißt, ob du negativ oder positiv manipuliert wirst, dann frag deine Schwester, deinen besten Freund, deine Eltern oder einen Lehrer. Erzähle ihm die Geschichte – ohne den Namen des Mitschülers zu nennen – und frage ihn, was wohl das Ziel des Mitschülers ist und ob du negativ manipuliert wirst. Wenn du dir sicher bist, dass du nicht rauchen willst, und du auch weißt, dass du dadurch nicht cooler wirst, dann kannst du auch gleich Nein sagen. Sag einfach: »Ich will das nicht.« Wenn dann jemand nach dem Grund fragt, kannst du ihm es entweder erklären oder du wiederholst stur diesen Satz: »Weil ich das nicht will.« »Warum denn nicht?« »Ich will es einfach nicht.« Irgendwann wird das Spiel langweilig und du wirst nicht mehr gefragt.

Wichtig

- Mobbing kommt in verschiedenen Arten vor.
- Gegen verbale Angriffe kannst du versuchen, dich mithilfe der in diesem Buch vorgestellten Techniken und Tricks selbst zu verteidigen. Bei körperlichen Angriffen und Erpressung musst du deine Eltern, die Lehrer oder sogar die Polizei einschalten.
- Die Meinung eines anderen zu verändern bedeutet Manipulation.
- Vorsicht bei negativer Manipulation: Überleg dir, ob die Person, die deine Meinung ändern will, dabei an DICH denkt oder an SICH.

BLEIB DIR SELBST TREU

Bei all den Tipps, die ich dir in diesem Buch gegeben habe, ist eine Sache noch ganz wichtig: Du musst nicht alle Tipps umsetzen und nicht jeder Tipp wird gleich gut bei dir funktionieren. Vielleicht klappt es super mit dem Referat, aber du schaffst es einfach nicht, auf Punkt zu sprechen – ganz gleich aus welchem Grund. Vielleicht findest du auf Punkt zu sprechen auch einfach doof. Dann ist das okay. Ich will dich nicht verändern, ich will dir nur erklären, wie erfolgreiche Kommunikation normalerweise funktioniert. Aber es kann gut sein, dass du mit deinem eigenen Weg und deinem Charme viel mehr Erfolg hast und viel überzeugender bist. Überlege dir also bei allem, was ich dir erzähle, ob du das willst und ob es zu dir passt. Aber bitte probier es wenigstens vier bis fünf Mal aus, bevor du dich entscheidest.

Je häufiger du darüber nachdenkst, wie du bist und was dich besonders macht, desto stärker wirst du nach außen wirken. Du hast ein besonders schönes Lachen, das alle ansteckt? Du kannst toll reden? Du bist ein absoluter Profi am Computer? Vielleicht kannst du dich aber auch besonders gut in andere Menschen hineinversetzen und weißt immer, was die denken? Das alles ist prima.

Höre nie damit auf, dich kennenzulernen. Und lach jetzt bitte nicht, denn natürlich kennst du dich – aber vielleicht noch nicht gut genug. Wie kannst du wissen, ob du ein Talent dafür hast, zu kochen, wenn du es noch nicht ausprobiert hast? Du weißt auch nicht, ob du ein Talent dafür hast, Referate zu halten, wenn du bisher noch keines gehalten hast. Und du weißt nicht, ob du ein Talent fürs Schlagzeugspielen hast, wenn du es nie versucht hast.

Deshalb solltest du immer neugierig bleiben. Schau dir neue Dinge an, hör dir Meinungen von anderen an, koste Essen aus anderen Ländern. Je neugieriger du bist, desto mehr wirst du über dich und für dich lernen. Und das wiederum wird dafür sorgen, dass du in der Schule richtig gut klarkommst: mit den Lerninhalten, mit den Lehrern, mit deinen Mitschülern. Ein Schüler ist anders als du? Super! Sei neugierig und schau dir genau an, warum er anders ist. Er ist weder schlechter noch besser, er ist einfach nur anders.

Und wenn DU anders bist, dann ist das auch prima. Glaubst du, ich wäre Radiomoderatorin geworden, wenn ich so wäre wie jeder andere? Nein. Ich bin anders. Ich kann besonders gut reden. Und das habe ich gemacht – im Radio, im Fernsehen und auf der Bühne. Und ich kann gut erklären. Deswegen schreibe ich Bücher und gebe Unterricht.

Was kannst du gut? Was macht dich besonders? Was sind deine Macken? Ja, auch kleine persönliche Macken sind wichtig, denn perfekte Menschen sind langweilig. Wenn ich perfekt gewesen wäre, wäre ich keine gute Radiomoderatorin gewesen. Ich habe während meiner Zeit beim Radio perfekte Moderatoren erlebt und denen wurde dann immer gesagt: »Vorsicht. Du brauchst eine Macke. Entweder benutzt du ein Wort besonders häufig oder du tust hin und wieder so, als ob du einen Blackout hättest. Oder, oder, oder ...« Versuch also nicht, perfekt zu werden, sondern lerne dich einfach immer besser kennen. Hab Spaß am Reden, hab Spaß an der Kommunikation mit und ohne Worte, hab Spaß daran, schlagfertig zu sein. Denn jetzt redest DU!!!

INHALT DER BEGLEIT-CD

01. Kapitel **Mit Fragezeichen reden** (1:14 min.)

02. Kapitel **Kau-Übung** (2:18 min.)

03. Kapitel **Korken-Übung** (15:52 min.)

04. Kapitel **Einstieg von Isabel García** (0:57 min.)

05. Kapitel **Isabel rappt die Wanderdüne/Einstieg** (0:26 min.)

06. Kapitel **Isabel rappt die Wanderdüne/Ausstieg** (0:15 min.)

07. Kapitel **Referat über LEGO-Steine** (6:13 min.)

08. Kapitel **Referat über WAS WILL ICH MAL WERDEN** (4:03 min.)

09. Kapitel **Atmen gegen Lampenfieber** (2:06 min.)

10. Kapitel **Darth-Vader-Atmung** (1:41 min.)

11. Kapitel **Gemeinsam atmen** (3:12 min.)

12. Kapitel **Tausche Prüfungsangst gegen Prüfungslust** (10:01 min.)

13. Kapitel	**Antworten mit Pause und tiefer Stimme** (2:01 min.)
14. Kapitel	**So klingst Du schwach** (0:35 min.)
15. Kapitel	**Betonungen mit einer Handbewegung** (2:26 min.)
16. Kapitel	**Körper führt und Stimme folgt** (1:54 min.)
17. Kapitel	**Affentrommel** (4:14 min.)
18. Kapitel	**Hulk** (2:25 min.)
19. Kapitel	**1-Wort-Spiel** (3:34 min.)
20. Kapitel	**Es ist nie zu spät für eine schöne Kindheit** (3:57 min.)

DANKSAGUNG

Die besten Tipps und Tricks bringen nichts, wenn sie nur Theorie sind und nicht in der Praxis getestet wurden. Deswegen bin ich in zwei Schulen gegangen und habe dort meine Inhalte mit den Schülern geübt. Ich merkte sehr schnell, welche Übungen funktionieren und welche ich getrost streichen kann.

Ich möchte mich hiermit ganz herzlich bei all den Schülern bedanken, die freiwillig mit mir gearbeitet haben. Ich war einmal an der Oscar-Paret-Schule in Freiberg am Neckar. Dort hatten sich an einem heißen Sommertag 68 Schüler bereit erklärt, von 9 bis 17 Uhr mit mir die rhetorischen Übungen durchzugehen. Die Schüler kamen aus den 5., 6. und 7. Klassen der Werkrealschule, der Realschule und des Gymnasiums. Vielen lieben Dank, Bruno (mein Hund) und ich hatten viel Spaß mit euch!

Und auch einen herzlichen Dank an die Schule Marienau in Dahlem, wo ich mit einer 5. Klasse noch einmal die wichtigsten Inhalte üben durfte. Auch hier war es ein sehr heißer Sommertag und die Schüler haben trotzdem tapfer durchgehalten. Ich habe an dem Tag sehr viel gelernt und mitgenommen! Vielen Dank auch hier von Bruno und mir.

Ein großes Dankeschön an alle, die dies mit organisiert haben!

LITERATURVERZEICHNIS

Bandler, Richard: *Richard Bandler's Leitfaden zu persönlicher Veränderung: Get the life you want,* Bookmark NLP, Welver-Berwicke

Bernhard, Barbara Maria: *Sprechen im Beruf. Der wirksame Einsatz der Stimme*, Obv & Hpt, Wien

Borbonus, René: *Respekt! Wie Sie Ansehen bei Freund und Feind gewinnen,* Econ, Düsseldorf

Frank, Sven/Schäfgen, Eberhard: *Hypnosetherapie in der Praxis. Ein Lernbuch*, Deutscher Ärzte-Verlag, Köln

Gössler, Stefan: *Manipulative Rhetorik – Verführende Rhetorik. Sie begeistern, Sie überzeugen, Sie verführen*, Life Time Audio, Grevenbroich

Martin, Leo: *Ich krieg dich! Menschen für sich gewinnen. Ein Ex-Agent verrät die besten Strategien*, Ariston, München

Ullmann, Eva/García, Isabel: *Ich rede 2. Spontan und humorvoll in täglichen Kommunikationssituationen,* SESSEL BOOKS, Hamburg

Pöhm, Matthias: *Schlagfertig auf dem Schulhof. Wie man Großmäulern clever Paroli bietet*, mvgVerlag, München

ÜBER DIE AUTORIN

Isabel García, geboren 1969 in Hamburg, ist Rhetorik-Trainerin, Seminarleiterin, Rednerin und Moderatorin. Die ausgebildete Sängerin, Schauspielerin und Diplomsprecherin ist eine Expertin in allem, was das gesprochene Wort betrifft. Ihre Seminare werden von Kunden wie Bertelsmann, Peek & Cloppenburg, Intercontinental Hotels Group, Commerzbank u. v. a. gebucht. Beim mvg Verlag ist bereits ihr Buch *Ich rede. Kommunikationsfallen und wie man sie umgeht* erschienen. Bei ihrem eigenen Label Sesselbooks hat sie zahlreiche Hörbücher veröffentlicht.

Kolumnen von Isabel García, Aktuelles und Termine für Vorträge und Seminare könnt ihr monatlich bekommen, wenn ihr den Newsletter auf

www.isabelgarcia.de

bestellt.

Dort findet ihr auch kostenlose Podcasts.

1 Audio-CD, 82 Minuten
UVP 14,80 € (D) | 14,80 € (A) | sFr. 21,90
ISBN 978-3-9814268-3-0

Isabel García

ICH REDE.

Ein Hoch auf Deutsch

Heißt es Köni-ch oder Köni-k? Ch-emie oder Sch-emie oder K-emie? Was ist Dialekt und was ist deutsch? In diesem neuen Hörbuch geht es um die deutsche Aussprache schlechthin. Mit viel Humor verrät Isabel García Managern, Lehrern, Schülern, wie einzelne Worte richtig ausgesprochen werden und zeigt kleine Tricks, wie jedermann das deutsche »R« problemlos aussprechen kann..

mvgverlag